. . . vertraue

Christus

deinem Erretter

Bibliografische Information der Deutschen Nationalbibliothek: Die Deutsche Nationalbibliothek verzeichnet diese Publikation in der Deutschen Nationalbibliografie; detaillierte bibliografische Daten sind im Internet über dnb.dnb.de abrufbar.

Covergestaltung, Herstellung und Verlag:
BoD – Books on Demand, Norderstedt

ISBN 978-3-7583-9663-2

. . . vertraue

Christus

deinem Erretter

Ja, ihm sollst du vertrauen, denn er ist unser aller
Erretter und Erlöser!

Inhalt

Vorab

Für Euch:

Diese kleine Sammlung besteht wie bei den Büchern davor wieder aus von mir selbst erdachten Gedichten, Kurzgeschichten und Sinnsprüchen.
Jeder Artikel sollte bewusst gelesen werden, jeder Artikel hat eine eigene Aussage, auch bauen sie nicht unbedingt aufeinander auf. Daher ist es gut, über jeden einzelnen Beitrag ein wenig nachzudenken und sie mit eigenen Erlebnissen, eigenen Erfahrungen in Bezug zu bringen. Auch kann einiges davon einen dazu anregen, es selbst auszuprobieren und somit kann es ein guter Ratgeber für das tägliche Leben sein – lassen Sie sich Zeit beim Lesen.

Jedes meiner Bücher hat seine eigene spezielle Note und vertieft besondere Themen.
Dieses Buch ist meiner Familie, meinen Freunden und natürlich auch allen interessierten Menschen gewidmet. Die Aussagen darin sind kurz gefasst und sollen recht schnell zu tieferem Nachdenken führen.

Alles was ...
dazu beiträgt, unsere Mitmenschen als Kinder Gottes zu sehen, sodass wir uns wieder liebevoller einander zuwenden, ist mir wertvoll.
Denn in dieser unruhigen Zeit ist es bestimmt notwendig, einander mit Respekt und Achtung zu begegnen.
Dies würde zu einem friedlichen Miteinander führen und Eifersucht, Hass, selbst Kriege würden der Vergangenheit angehören.

Ja, viel würde sich ändern, wenn wir die uns von unserem Schöpfer gegebenen Empfehlungen für ein gutes Zusammenleben, beachten würden.
Eine bessere Welt kann nur von vielen, von möglichst allen Menschen geschaffen werden, alle sollten mit eingebunden sein.

Wenn meine kleinen Ausführungen dazu beitragen würden,
in uns den Wunsch zu wecken, uns, wie auch unser Umfeld zu solch einer Form des Zusammenlebens zu ändern, hat dieses kleine Buch seinen Zweck erfüllt   –und wir haben dann eine sich lohnende Zukunft vor uns!

P.S   Für weitere gute Anregungen, schau auch Sie einmal nach unter

www.ChurchofJesusChrist.org

Wer bist du?
(... und was kannst du dazu sagen?)

Im Leben suchst du Frieden und Ruh,
doch etliches betrübt dich, lässt dich klagen.
Denn zu viele helfen nicht, sie schauen nur zu.
Dies lässt dich nach dem Sinn des Lebens fragen.

Was soll eigentlich dieses Erdenleben?
Warum bin ich denn überhaupt hier?
Hast du nur deine Segnungen noch nicht erkannt?
Denn Er ist gut zu dir, Er liebt dich, Er ist nett zu dir

Er ist es, der auch für dich sein Leben hat gegeben,
denn Ihm bist du wertvoll, Ihm bedeutest du sehr viel.
Gern möchte Er, dass du ewig bei Ihm kannst leben,
dies sei auch für dich dein höchstes Ziel.

Wer bist du? Eines seiner wertvollen Kinder?!

Gerhard Jobs
Freiberg den 05.01.2023

Wer weiß wer du bist?

Wenn du weißt, wer du bist, weißt du sehr viel.
Nicht nur, wie du heißt, wie groß, wie schwer du bist oder sonstige
allgemeine Daten die du von dir kennst – da ist schon weiteres,
etliches mehr gemeint.

Gerhard Jobs
Braunschweig den 24.07.2022

Woher kommst du?

Was hast du von deinen Eltern und weiteren Vorfahren geerbt und von ihnen übernommen? Veranlagungen, Verhaltensweisen? Was hast du von der Tradition des Landes übernommen? Wie weit hat dies alles deine Ansichten, deine Meinung, deinen Charakter bestimmt? Und bist du dir sicher, dass das alles richtig ist? Was ist richtig?

Und heute in der Welt der Medien, der abertausend Meinungen, wo in den sozialen Medien ideologische Kämpfe ausgefochten werden, bewusst Beeinflussung vorgenommen wird, wo gibt es da die "richtigen Grundsätze, die Wahrheit?" - dir ist schon klar, bei den Menschen wirst du sie nicht finden. Menschen sind zu unterschiedlich, zu tendenziös, und von ihnen wird auch oft bewusst verfälscht.

Also kannst du auch mir nicht glauben, das würde ich auch nicht. Ich bin wie du nur ein Mensch.

Und doch muss es Wahrheit, absolute Wahrheit geben. Denn das, was uns umgibt, die Schöpfung ist doch so großartig, so genial. Da gibt es Gesetzmäßigkeit, die schon seit Jahrtausenden besteht und dies auch mit den erlaubten und sogar geplanten Veränderungen. Diese geplanten Veränderungen lassen uns die doch dahinterstehende Gesetzmäßigkeit oft als Unregelmäßigkeit erscheinen. Dies aber nur, weil diese Veränderungen, die geplant, also beabsichtigt sind, von uns nicht erkannt werden - wir verstehen sie nicht, wir erkennen den Sinn dahinter nicht.

Erkennen wir uns, unsere uns zugedachte Aufgabe in der Schöpfung? Wir sollten den Schöpfer, unseren Herrn und Gott einmal fragen. Wir sind ein nicht unwesentlicher Teil der Schöpfung. (siehe Psalm 8:4-5). Er kennt unsere unendliche Vergangenheit und welche Zukunft für uns möglich ist.

Wir bestimmen auf Grund unserer freien Entscheidung mit über unser Schicksal.

Gerhard Jobs
Braunschweig den 24.07.2022

9

Willst Du endlose Freude haben?

(Hier ist der Weg dazu – ein wenig sarkastisch)
Wenn Arbeit dir Freude macht (wenn du das erreichst), hast du
Freude ohne Ende, denn Arbeit hat man ja immer.
Darum machen dir dann deine Mitmenschen, die Familie, deine
tägliche zu erledigende Arbeit und dein weiteres Umfeld soviel
Freude – lerne also Arbeit zu lieben!

Gerhard Jobs
Braunschweig den 18.07,2022

Wie viel sollte man tun?.

Wer nichts tut, ist nicht unbedingt ein schlechter Mensch. Wer viel
tut, ist nicht unbedingt ein guter Mensch.
Was du tust oder nicht tust kann falsch oder richtig sein, je nachdem,
in welcher Situation du dich befindest, ist dabei ausschlaggebend.
Wer könnte dir in der jeweiligen Situation den richtigen Rat geben?
Wer hat die größte Übersicht? Doch wohl der Schöpfer aller Dinge.
Seinen Rat solltest du beachten.

Gerhard Jobs
Braunschweig den 12.09.2022

Kann es auch ein wenig mehr sein? Kann es auch ein wenig weniger sein?

Manchmal ist etwas mehr, manchmal ist etwas weniger, viel besser.
Es kommt doch darauf an, was es für uns bedeutet oder bewirkt –
zum Beispiel:
So könnte er stundenlang weitermachen, oder wann hört er endlich
damit auf.
Wir sehen daran, wie wichtig es ist richtig zu kommunizieren oder
einander gut zu kennen.
Auch den Herrn, unseren Gott gut zu kennen oder mit ihm zu
kommunizieren ist sehr wichtig.
Viele Fragen, Ungereimtheiten und Widersprüche gäbe es dann nicht.

Kann es auch ein wenig mehr sein? Kann es auch ein wenig weniger sein?

Viele Menschen machen sich z.B. über ihr Gewicht viele Gedanken. Auch die Ernährung gibt Fragen auf, wie: Ob weniger Fleisch und Käse, dafür mehr Gemüse und Obst gut wären? Selbst über den Tagesablauf und die dafür notwendige Zeiteinteilung wird nachgedacht. Und über vieles, vieles mehr.

Hier wäre in einigen Fällen etwas mehr oder etwas weniger zu haben, gut angebracht.

Auch den Herrn könnte man in so mancher Sache nach dem etwas Mehr oder etwas Weniger fragen. Wenn es zum Beispiel um einzelne Punkte geht wie: Wofür benutze ich meine Zeit? Wie viel Geld ich wofür ausgebe? Über welche Themen ich mir zu viel oder zu wenig Gedanken mache? Wie steht es mit meiner: Nächstenliebe, Treue, Ehrlichkeit, Gehorsam, Dienen, Mut, dem Befolgen der Gebote usw. – auch bei all diesen Punkten ist das „Mehr oder Weniger" für meine Zukunft von ausschlagebender Bedeutung.

Der Herr hat uns schon Antwort gegeben, denn vieles können wir den Heiligen Schriften und den Aussagen der lebenden Apostel entnehmen – der göttliche Rat ist immer noch der Beste.

     Gerhard Jobs
Braunschweig den 19.07,2022

Wie schnell gehst Du?

Gehst Du zu schnell, kann kaum einer mit dir mithalten und du bist oft allein. Gehst du zu langsam, wollen viele noch einiges erledigen, haben es eiliger und auch dann bist du vielleicht wieder allein. Das richtige Maß, die richtige Geschwindigkeit ist die, die dein Nächster gehen möchte oder auf die ihr euch einigen könnt.

Willst du ihm, wollt ihr einander eine Hilfe sein, miteinander Zeit verbringen, wollt ihr Gedanken austauschen, Gemeinsamkeit erleben, so braucht ihr die gleiche Geschwindigkeit, die gleiche Richtung, gleiche oder ähnliche Absichten und Ziele.

Dieses gilt nicht nur für das Gehen, sondern für fast alle Bereiche des Lebens.

Sich abstimmen, anpassen, ergänzen, die Richtung festlegen und, und, und – dies verlangt mit Sicherheit aber Nächstenliebe. Einander an die Hand nehmen.

So kann man recht gut mit dem Menschen den man liebt, den Lebensweg gemeinsam hin zu dem gewünschten Ziel gehen – vielleicht zurück zu unserer aller Schöpfer?

Gerhard Jobs
Braunschweig den 26.05,2022

Den Hintergrund kennen, wissen warum, bringt viel Licht in eine Sache

Weniger ist oft auch mehr! Bitte einmal nachdenken. Und schon sieht das Weniger schon viel besser, sogar nach viel mehr aus – Z.B. bei: weniger Leid, weniger Arbeit, weniger Streit, weniger Hass . . .

– Behalte den rechten Blick für eine Sache, dann bist du nicht so schnell enttäuscht –

a) Wie schön ist doch ein warmes Zimmer – besonders im Winter. Habe also genügend Brennmaterial.

b) Wenn man immer alles hat, bemerkt man kaum, was man alles hat. Denn man vermisst ja nichts.

c) Schön aussehen ist nicht nur eine Frage der Kleidung oder des Make ups (auch innere Werte geben Ausstrahlung, sie geben dir ein gutes Erscheinungsbild) - strebe also nach höheren Werten.

d) Für vieles im Leben ist der Grund, warum man so aussieht, entscheidend: Die sieht aber schlank aus: weil sie eine Schlankheitskur gemacht hat oder sie Not leidet, arm ist und kaum etwas zum Essen hat. Wie trügerisch, wie verkehrt kann das äußere Erscheinungsbild sein.

e) Du hast wenigsten 2 Möglichkeiten in fast allem: Beispielweise mit einem Messer einen Apfel schälen oder einen damit etwas antun; deine Zeit nutzen, um nach Bildung zu streben, aber auch deinen Tag mit Nichtstun verbringen; über die göttlichen Empfehlungen der Heiligen Schriften nur mitleidsvoll lächeln oder sie von Herzen befolgen.

f) Als ich sie weinen sah, wusste ich, das ihre Tränen, ihr Weinen auf Grund einer besseren Erkenntnis entstanden waren. Und sie zu Neuem aufbrechen ließ.

g) Wenn du dich vorwärts bewegst, voranschreitest, ist das eine gute Sache, wenn du weißt wohin dich bewegst.

Gerhard Jobs
Braunschweig den 15.08.2022

Spuren

Ja, wir hinterlassen ständig Spuren. Durch das, was wir sagen und tun, durch unser Erscheinungsbild, durch unseren Lebenswandel etc. Und was sind das für Spuren, die wir hinterlassen? Wohin haben sie uns geführt? Und wohin führen sie diejenigen, die ihnen folgen? Sind es Spuren, die zum Guten führen oder nicht? Ich bin für meine Spuren verantwortlich! Führe ich andere damit in die Irre? Auch sollte sich doch jeder fragen: Warum folge ich diesen Spuren? Es ist also seine eigene Verantwortung, ob er meinen Spuren folgt. Jeder hat die Folgen seiner Entscheidungen zu tragen.

Welchen Spuren sollte ich folgen? Doch denen, die zu guten Zielen führen. So kann es auch wichtig und richtig sein, den Spuren anderer zu folgen, denn viele sind schon Wege gegangen, die wir noch nicht kennen. Wenn deren Wege sie zu lohnenden Zielen geführt haben. So kann, wenn wir richtigen Spuren folgen, es uns leichter fallen, den Weg zu finden, den wir zu gehen haben.

Gut ist es, sich vorher darüber klar zu werden: Wo will ich hin, welches ist mein Ziel? Wie oft im Leben ist die richtige Vorbereitung sehr wichtig. Wie dankbar sind wir denen, die sich unserer besonders annehmen, wie unsere Eltern, gute Freunde, Menschen, denen wir vertrauen können, die uns lieben. Es ist wichtig, dem zu vertrauen, der die größte Erfahrung und Übersicht hat, nämlich unserem Schöpfer.

Wenn man sich bewusst wird, dass man ständig Beispiel gibt, also Spuren aufzeigt, erkennt man die Verantwortung, die man hat. Auch versteht man dann, welche große Hilfe man für seine Mitmenschen sein kann – dies ist dann praktizierte Nächstenliebe.

Gerhard Jobs
Braunschweig den 27.07,2022

Ist noch Entwicklung bei uns vorhanden?

Während unseres Lebens können auch wir uns weiterentwickeln, unserem Leben einen tieferen Sinn geben. Man möchte doch nicht immer auf der Stelle stehen, keinen weiteren eigenen Erfolg mehr haben. Neues Wissen kann doch erworben werden, unsere Charaktereigenschaften und Verhaltensweisen weiter verbessert werden. Wer ist schon perfekt? Ist Entwicklung nicht etwas Besonderes, woran wir uns auch selbst erfreuen? Warum sind wir denn auf der Erde? Eine Erde, die uns viel abverlangt, die große Herausforderungen an uns stellt. Wo wir lernen, Niederlagen zu ertragen und Wege zu finden, sie in Erfolge zu verwandeln.

Was hat unser Herr und Gott, dessen Kinder wir sind, von dem wir wissen, dass er uns liebt, sich dabei gedacht? Seine Hilfe, die er uns gibt, die Gedanken und Ideen, die wir von ihm erhalten, um uns aus den Notlagen zu befreien, helfen uns ihn zu erkennen. Zu begreifen, dass nicht wir es waren, die das Problem beseitigt haben, er hat uns buchstäblich an die Hand genommen. Hoffentlich erkennen wir, dass er es war, der uns befreit hat. Und lernen endlich, dankbar zu sein? Wir sind hier auf der Erde, um den Plan der Erlösung zu begreifen, Gott und Jesus Christus zu erkennen und auch für das Sühnopfer dankbar zu sein. Es heißt doch schon in der Heiligen Schrift in (Johannes 17:3): „Das ist das ewige Leben: Dich, den einzigen wahren Gott zu erkennen und Jesus Christus, den du gesandt hast."

Gerhard Jobs
Braunschweig den 19.06.2022

14

Zeit

Wie und wozu du deine Zeit nutzt, sagt viel über dich aus. Wer du bist, und was ist dir im Leben wichtig? Wie du die Zeit nutzt, offenbart viel von deinem Charakter. Die Zeit gibt dir Gelegenheit, Aufgaben zu verrichten, dich selbst kennenzulernen, deinem Nächsten deine Liebe zu erweisen, deine Persönlichkeit zu entwickeln.

Willst du wissen, was jemand gerne mag, was er liebt, seine Gewohnheiten kennenlernen, verbringe Zeit mit ihm.

Auch der Herr gibt uns Gelegenheit, die Zeit richtig zu gebrauchen, die dabei gemachten Erfahrungen für unsere Entwicklung zu nutzen – darum hat er uns unter anderem die Lebenszeit geschenkt.

Und wie du sie genutzt hast, wird dir deinen ewigen Platz bei Gott bestimmen.

Ja bedenke, jeder Tag hat 24 Stunden, auch für dich – wie viele Tage auf dieser Erde der Herr dir schenkt, das weiß du nicht. Wie du die Zeit nutzt, offenbart viel von deinem Charakter.

Gerhard Jobs
Braunschweig den 06.06,2022

Hoffnung! (1)

Hat das Warten nun ein Ende? Kommt jetzt bald die gewünschte Wende?

Werden meine Hoffnungen bald erfüllt? Ist dann meine Sehnsucht endlich einmal (jetzt) gestillt?

Das Warten kann sehr schmerzhaft sein, wer ist mit seinen Sorgen gern allein.

Oder ist das alles vielleicht nur Schein, und ich muss nicht einsam sein?

Hast du den Schmerz des Alleinseins erneut gefühlt? Warst du innerlich wieder ganz aufgewühlt?

– letztlich bist du nie allein, denn er, der Herr, will immer bei dir sein.

Für eine kleine Zeit lässt er dich Erfahrungen sammeln, ja auch etwas leiden,
so wirst du mitfühlend, kannst auch schneller vergeben und wirst Auseinandersetzung stets vermeiden.

Gerhard Jobs
Braunschweig den 14.05,2022

Allein . . . so allein!

Ich fühle mich einsam, so allein, warum kann es denn nicht anders sein?

Ist denn keiner da, der mich versteht, der nicht achtlos an mir vorübergeht?
Jeder denkt nur an sich, lebt im eigenen Trott. Und was ist mit unserem Herrn und Gott?
Liebt Gott mich wirklich nicht? Oder habe ich, was Ihn betrifft, nur eine falsche Sicht?
Du kannst die Liebe anderer nicht erzwingen, darum geh auf sie zu, versuche Gutes ihnen zu bringen.
Lebe nicht in deinen traurigen Gefühlen, versuche durch Liebestaten Gutes nun zu fühlen.
Deine Bemühungen wurden erkannt und andere haben dein gutes Tun, Taten der Liebe genannt.
Das Alleinsein, die Trauer, hat dich zum „Gutes tun" bewogen, Freude ist jetzt in dein Herz gezogen.
– Gott liebt dich, so ließ er dich durch Leid, Freude und Freunde finden.
Ja, er hat oft andere Wege, die wir nicht gleich erkennen.

Gerhard Jobs
Braunschweig den 19.05,2022

So kann das Leben sein!

So erfreuend:
Du freust Dich auf den nächsten Tag, denn da soll es geschehen.
Die OP kommt, und dann soll es mit Dir wieder aufwärts gehen.

Ich spiele sonst nicht, keine Glücksspiele, doch dieses Mal habe ich gewonnen.
Ich glaube, ich habe eine gute Zukunft vor mir, jetzt hat meine Glückssträhne begonnen.
Wie schön ist es, wenn du deine Hand auf meine Schulter legst und mich drückst, wenn du mir zulächelst, mir gelegentlich Blumen schenkst, du mich beglückst.
Ich habe bestanden, zeigte Leistung, besitze einen großen Titel, ich bin wer.
Habe mich von der Masse abgehoben, man erkennt meinen Wert und achtet mich sehr.
Der Urlaub macht uns viel Freude. Wir genießen in vollen Zügen das Leben.
Haben Zeit zum Schauen und zum Entspannen. Es kann für uns kaum etwas Schöneres geben.
Er hat mir einen Ring geschenkt, um meine Hand angehalten, jetzt beginnt mein Glück.
Er ist so liebevoll, so aufmerksam und fürsorglich. Jede Stunde mit ihm hat mich entzückt und sehr beglückt.

So herzlos:
Sein Leben hätte ich nicht leben wollen. Flucht und Krieg, das war sein Los.
Warum streiten und kämpfen die Menschen - was soll das bloß?
Wann werde ich endlich wieder einmal satt?
Ich fühle mich so leer, so schwach, so erschöpft, so matt.

Er hat mir doch die ewige Treue geschworen.
Jetzt hat er mich verlassen, ich fühle mich einsam und verloren.

Ich habe mich aufgerafft, sehr bemüht und stundenlang gelernt, und doch nicht bestanden, von meinem angestrebten Ziel bin ich weit entfernt.

Ich bin wirklich bescheiden, habe auf vieles verzichtet und gespart.
Dann kam die Inflation, mein Geld ist nichts mehr wert, das ist hart.

Ein Virus hat mich befallen, mich meiner Kraft beraubt, mir den Tod
vor Augen geführt.
Bin vom Fieber geschüttelt, habe Schmerzen, keine Hoffnung, habe
schon mein Ende gespürt.
Gibt es absolute Sicherheit? Eine Garantie für ein sorgenfreies Leben?
Du kennst die Antwort schon. Die Jahrhunderte der
Menschheitsgeschichte geben Dir eine klare Antwort.
Und doch haben einige Menschen in all den Bedrängnissen, wie auch
in den Freuden, die das Leben bringt, ein sinnvolles Leben geführt.
Du must Werte finden, die Dir innere Ruhe, einen anderen Frieden
geben. Die Dir die Kraft und Hoffnung schenken, selbst in
schwierigen Lebenslagen zu bestehen und nicht zu verzweifeln.
Der Herr, der Schöpfer aller Dinge, hat uns einen Weg aufgezeigt, der
uns hilft unser Schicksal zu tragen. Uns das Gute und Wertvolle auch
in kleinen Dingen erkennen lässt. Und die meisten Sorgen und
Bedrängnisse gäbe es nicht, wenn die Menschen nach seinen
Empfehlungen, Regeln, Geboten leben würden, wie: Gottvertrauen,
Nächstenliebe, Ehrlichkeit, Frieden halten, miteinander teilen und,
und, und (lies in der Bibel die Verse 7 bis 17 in Exodus 20, also die
10 Gebote).

Gerhard Jobs
Braunschweig den 21.04.2022

Das große Ganze

– jeder Abschnitt, jedes Teilstück, hat seinen Wert und es bringt uns
Freude, aber auch Herausforderungen.
Jedes schöne Bild, jede Konstruktion, hat seine einzelnen besonderen
Punkte oder Teile. So entsteht erst das Gesamte, das Ganze.
Wie wäre es, wenn das Jahr nicht den Monat Mai hätte, mit seinem
starken Aufblühen der Natur – dem Jahr würde etwas fehlen.
Sind nicht auch in unserem Leben die Kindheit, die Jugendjahre, die
weiteren Jahre, die dann folgen – aber auch die Zeit des Altseins
wirklich wichtig und notwendig? Sonst wäre der Mensch nicht das

geworden, was er ist! Wieder einmal mehr kann ich sagen, wie weise unser Schöpfer das alles eingerichtet hat.

Erfreuen wir uns an jedem Abschnitt unseres Lebens, an jedem Abschnitt eines Jahres, an jeder Stunde, an jedem Augenblick – dann erleben wir mehr glückliche Zeiten und begreifen besser das „große Ganze"

Auch unser Leben setzt sich aus den Erfahrungen vieler Tage, Monate und Jahre zusammen. Und welche Rolle spielen dabei unsere Lebensumstände, die weltpolitische Lage, unsere Nachbarn und Mitmenschen? Diesen Einflüssen sind wir oft ausgeliefert, und wir können sie nicht unbedingt steuern.

Unsere Reaktion darauf aber liegt doch in unseren Händen: Ob wir geduldig bleiben, ob wir aggressiv werden, oder man alles einfach ignoriert.

Eine große Hilfe, wie wir uns richtig verhalten, können wir durch die Ratschläge, die der Herr uns durch sein Evangelium gegeben hat, erhalten. Unsere Emotionen, unsere Verhaltensweise, wird dann zum Positiven, zum Guten beeinflusst. Der Herr kennt unsere Gefühle und Sorgen, denn er versteht uns und ist mitfühlend.

Wenn wir uns bei ihm Rat holen, vielleicht durch das Gebet oder das Lesen von Heiligen Schriften, erhalten wir eine große Hilfe.

Zusammenfassend möchte ich sagen: Es ist gut, dieses Erdenleben erleben zu dürfen. Es formt und stärkt uns – wir können die notwendige Entwicklung nehmen, die wir brauchen, um eines Tages bei unserem Herrn und Gott leben zu dürfen.

Gerhard Jobs
Braunschweig den 22.04.2023

Bringen Sie Schwung in Ihr Leben

Nichtstun, ständig ruhen, in Bewegungslosigkeit verharren, dies kann buchstäblich tödlich sein - denn dafür wurde der Mensch nicht erschaffen. Ohne Bewegung (körperlich aber auch geistig) gibt es keine Veränderungen, keine Entwicklung, keinen Fortschritt. Das ist nicht das, was der Herr, unser Schöpfer, für uns Menschen vorgesehen hat.

Wir sollen ihm ähnlicher werden, Eigenschaften erwerben, sodass wir eines Tages, in seinem Reich, bei ihm leben können. Denn um bei ihm zu sein, sind Verhaltensweisen und gewisse Charaktereigenschaften Voraussetzung. Es lohnt sich, dass man sich anstrengt, denn bei Gott leben zu können, ist das Beste was einem widerfahren kann.

Auch Präsident Russel M. Nelson, der Präsident der Kirche Jesu Christi der Heiligen der Letzten Tage rät uns: „Geistige Schwungkraft" zu haben (siehe Generalkonferenz April 2022)

Gerhard Jobs
Braunschweig den 22.04.2023

Energie haben ist wichtig

Zu jeder Änderung die man erreichen will, braucht man Energie. Wir sehen daran, wie wichtig sie für uns ist. Wer im Leben kann es sich leisten, sich nicht zu verändern? Alles im augenblicklichen Zustand zu belassen. Im Stillstand zu verharren. Das hieße, keine Entwicklung zu nehmen. Wer kann und sollte sich das antun?

Wie erhält man, erlangt man Energie?

Energie braucht man, um sich vorwärtsbewegen zu können, sich zu überwinden zu guten Taten oder Böses zu meiden. Sich zu erheben, zu erheben über die Mittelmäßigkeit. Das ist natürlich unserem Schöpfer bekannt, darum hat er etliche Kraftquellen für uns in seinem Angebot u.a. die Kraft des Priestertums, die des Glaubens, die Kraft des Gebets.

All diese uns vom Herrn gegebene Energie, hilft uns auch seelisch, in diesen kalten und oft zu herzlosen Zeiten, der sogenannten „letzten Tage " zu überstehen. Sein Inneres ein wenig aufzuwärmen, der Seele ein wenig Ruhe zu verschaffen - nehmen wir doch **Seine** Hilfe dankbar an.

Gerhard Jobs
Braunschweig den 08.05.2022

Ein neues Jahr ist da

Es kann Dich vor neue Herausforderungen stellen. Es kann Dir aber auch ungeahnte Freude bringen.
Vielleicht ist es das Jahr, in dem Du Deinen Dir liebsten Menschen kennenlernst. Ein Jahr, in dem Dir gesagt wird, dass Du Deine volle Gesundheit wieder erlangen wirst. Oder Du gesagt bekommst, das Du eine bessere berufliche Chance erhältst . . . usw. Es kann sogar das Jahr sein, wo Du eine Entscheidung triffst, die Dein ganzes Leben verändert. Du hast vielleicht erkannt, dass es für Dich eine ganz neue Lebenserkenntnis gibt, die alles verändern wird.

. . . welches ist dann eine dieser neuen Lebenserkenntnisse?

Vielleicht hast Du erkannt, Gott lebt. Dass er auch heute zu uns spricht durch seine erwählten Diener, seine Propheten. Du weißt jetzt, was er von Dir erwartet und wie gesegnet Du bist. Ein neues, andersgestaltetes, ein besseres Leben beginnt. Wie dankbar sind wir für Gottes Führung?
Ja, ein neues Jahr ist da!
Letztlich gibt Dir jeder neue Tag eine neue Chance - Du musst sie nur ergreifen. Und Du sollst wissen, der Herr hilft uns Gutes zu tun - wir sind nicht allein, er führt uns.

Gerhard Jobs
Braunschweig den 16.07,2022

Das neue Jahr schenkt uns . . .

Das neue Jahr schenkt uns 365 weitere Tage. Also viele Möglichkeiten an unserem Lebensziel zu arbeiten – oder hast du keins? Lebst du nur so dahin, Tag für Tag? Sein Leben sollte man in die Hand nehmen, es gestalten. Ihm eine klare Richtung geben. Auch wenn etliches an uns herangetragen wird und wir auf Fremdeinwirkungen reagieren müssen, darf man sein Ziel nicht aus den Augen verlieren.
Fühlst du dich gelegentlich einsam und allein?
Du wünschst dir Gemeinsamkeit, jemand sollte bei dir sein.
Es macht dich froh, wenn jemand mit dir spricht.

Du liebst es sehr, wenn man zart ist und fein.
Wertvoll ist dir auch, wenn etwas sauber ist und rein.
Dann fühlst du dich wohl, und viel von deiner Einsamkeit erlischt.

Ja, wir brauchen einander. Seid für einander da.
Das liebt auch unser Herr, dann ist er uns besonders nah.
Seine Liebe erfüllt uns, ein Lächeln zeigt sich auf unserem Gesicht.

- ja, der Herr wirkt auch durch uns, zeigen wir Liebe.

Gerhard Jobs
Freiberg den 06.01,2023

Die Entscheidungsfreiheit ist ein kostbares Gut

Jede Möglichkeit, die sich dir erschließt, verlangt dir auch eine
Entscheidung ab.
Du musst dich zum Beispiel entscheiden, ob du sie wahrnehmen
willst oder nicht –oder soll alles so bleiben, wie es ist?
In jedem Fall hast Du die Folgen Deiner Entscheidung dann auch zu
tragen, mit allen Konsequenzen.
Wie es auch ausgehen mag, dies gibt dir Lebenserfahrung.
So wirst du lebenstüchtiger, lernst vorausschauend zu handeln,
Gefahren besser zu begegnen – du entwickelst Dich.
Somit hat diese Erdenzeit für seine Bewohner einen großen Wert.
Und darum wurde sie, die Erde, wohl auch erschaffen.
Schätzen wir doch den Wert der freien Entscheidung – und doch ist
auch zu bedenken, dass es Kräfte gibt, die uns die
Entscheidungsfreiheit nehmen wollen.
Was man im Laufe des Lebens alles an Erfahrungen sammelt, ist
vielfältig, hier eine kleine Sammlung:

z.B. (falsch entschieden) negativ:

Pillen vergessen einzunehmen!
Ersatzschlüssel nicht mitgenommen.
Eintrittskarten zu Hause liegen lassen.

Werde schon rechtzeitig aufwecken, Wecker nicht gestellt, 10 Minuten zu spät gekommen, Tür verschlossen.
Ein kleiner Schluck macht doch nichts, vom Falschen etwas zu viel getrunken, erwischt, Fahrerlaubnis gefährdet.
Den Herd nicht ausgeschaltet, komm ja gleich wieder, zum Glück ist nur der Braten verbrannt.
An der falschen Stelle " Ja" gesagt, und schon habe ich eine folgenschwere Entscheidung zu tragen.
Den gegebenen Rat der Eltern nicht beachtet, nicht beherzigt … und, und, und.
Auch ein kleines Versehen, ein kleines Versäumnis, ein kleiner Fehler kann Großes bewirken:

z.B. (richtig entschieden) positiv

Zuneigung, die ich einem entgegengebracht wurde dankbar angenommen, es war so beglückend.
In einer Notlage Hilfe angeboten zu bekommen, das tut gut, da hat jemand dir richtige Entscheidung getroffen.
Guter Rat, den man erhalten hat, lässt einen die richtige Entscheidung treffen.
Anteilnahme einem Mitmenschen zeigen, lässt einem oft große Freude spüren, gut dass ich das getan habe.
Vor der Gefahr gewarnt worden zu sein, kann lebensrettend sein – danke.
Im entscheidenden Augenblick richtig gehandelt zu haben, bewahrt vor Gefahr.
Nicht vergessen worden zu sein, kann einen glücklich machen – er hat an mich gedacht.
Zu erleben, dass einem verziehen worden ist, lässt einen dankbar sein – verzeihen auch wir

Ja, die Erdenzeit, das Leben, ist eine gute Zeit, Erfahrungen zu machen, sich zu entwickeln, dem Leben einen tieferen Sinn zu geben.

Zu lernen, der Stimme Gottes und der seiner Diener zu glauben, hat einen großen Wert. Die Heiligen Schriften nicht achtlos beiseite zu legen, den Versammlungsbesuch zu nutzen und die notwendigen Bündnisse zu schließen, ebenso.

Das sind wichtige Gründe, warum Gott, unser Herr, uns ein Leben auf der Erde ermöglicht hat.

Der Widersacher, der Gegenspieler Gottes, möchte uns die Entscheidungsfreiheit nehmen, uns zwingen – und zu willenlosen Sklaven machen.

Gerhard Jobs
Braunschweig den 26.05,2022

Freie Entscheidung

Die freie Entscheidung ist ein kostbares Gut, das wir doch so sehr schätzen – doch es hat auch seine Grenzen. Wenn jemand nur machen möchte, was er will, geht es nur, wenn man alleine auf der Erde lebt. Ist man nicht mehr allein, so hat unsere freie Entscheidung Grenzen, nämlich da, wo sie die Entscheidungsfreiheit des anderen berührt. Ein möglichst unabhängiges, separates Leben geht eigentlich nur, wenn man etwas Land besitzt, sich somit selbst ernähren kann und sich eine einfache kleine Holzhütte hat bauen können - und kein Mensch in deiner Nähe wäre. Willst Du mehr? Etwa Gemeinschaft, Gedankenaustausch, viel Großes schaffen und bewegen, brauchst du deine Mitmenschen. Denn alle weiteren großen und wichtigen Dinge entstehen nur in der Gemeinschaft. Kann man sich allein ein Auto bauen, ein Fernsehgerät, ein Flugzeug? – Nein, dies geht nur gemeinschaftlich. Man braucht die Fähigkeit, die Kraft, Intelligenz weiterer Menschen. Und schon beginnt die Notwendigkeit des sich Abstimmens, des sich Einigens. Man braucht eine gemeinsame Regelung, gemeinsame Gesetze, gemeinsame Vereinbarungen und zwangsweise auch Institutionen, die sie beaufsichtigen und notfalls auch durchsetzen.

Denn der Staat soll seine Bürger schützen, zu deren Wohl Gesetze erlassen und dem Volk die Mitgestaltung der Gesetze ermöglichen.

Leider ist festzustellen, dass eigentlich immer dann, wenn verschiedene Meinungen aufeinander stoßen, leicht Uneinigkeit entstehen kann, sogar Streit. Eventuell ist sogar ein Kampf, ein Krieg möglich. Dies gilt nicht nur für Einzelpersonen, auch für die Familien, ein Staatsgefüge und auch unter den verschiedenen Staaten (Ländern). Wie gut ist es also Kompromisse zu finden, aufeinander zuzugehen und ehrlichen Herzens nach Lösungen zu suchen. Zeigt nicht gerade diese jetzige Zeit unsere aktuellen Probleme, dass wir so etwas brauchen.

Doch reichen Kompromisse aus, wenn sie von Menschen gefunden werden, die ihre Vorteile suchen, vielleicht nicht ehrlich sind, vielleicht nur taktieren? Nein, die Menschen müssen sich grundsätzlich ändern. Nun zu Gott, er hat doch alle Macht, er könnte doch den Bösen die Kraft nehmen, so dass sie nichts Böses tun könnten. Er könnte sie auch beseitigen und nur die Guten leben lassen, wie viel Menschen würden dann übrig bleiben? Und dies geschieht doch nur durch Zwang, wie in Diktaturen, das wäre der Plan Satans. Gott möchte die Menschen nachdenklich machen, die Folgen ihres Handelns aufzeigen, ihnen Maßstäbe und Verhaltensmuster zeigen bei denen sie erkennen, dass das Befolgen seiner Lehre Sinn macht. Wieder einmal möchte ich auf die zehn Gebote und auf die Bergpredigt hinweisen. Wenn das getan würde, was uns dort angeraten wird, dann hätten wir den benötigten Frieden, tatsächlich Gerechtigkeit und keine zu großen Reichtumsunterschiede. Das Fazit von allen ist: der Mensch muss sich freiwillig ändern. Da der Mensch sich nicht so leicht bewegen lässt Änderungen vorzunehmen, lässt der Herr sie eine gewisse Weile die Folgen ihres Handelns tragen. Als da sind: Ungleichheit, Neid, Kriminalität, Streit, Hass und Krieg etc. Wenn wir uns die Geschichte ansehen, speziell die der Gegenwart, sehen wir, dass dieses Verhalten mehrheitlich bei den Menschen zu finden ist. Auch kann man feststellen, dass das Verhältnis zu dem Schöpfer, zu Gott, auf ein Minimum herabgesunken ist. Wer liest noch in den Heiligen Schriften? Wer betet noch? Wer hält den Sonntag heilig? Wer lebt noch ein Leben nach dem moralischen Standard, den Gott uns vorgegeben hat?

Wenn Du Freiheit haben willst, musst auch Du anderen Menschen Freiheit zugestehen. Wenn Du Frieden willst, musst du auch anderen Frieden gewähren.

Ein wirkliches Heilmittel beim Überwinden von Differenzen und Problemen ist das Evangelium Jesu Christi, das Menschen zur Versöhnung, zur Nächstenliebe, zum „Einander helfen" aufruft. Es führt sogar zu einem langfristigen, zu einem ewigen Frieden, weil es die Menschen in ihrem Denken und Handeln ändert - und dieses freiwillig.

Wie schön ist dann die Völkerverständigung! Dass wir einander besuchen können, Urlaub machen und verschiedene Kulturen erleben dürfen. Nur dadurch können wir zum Beispiel zu jeder Jahreszeit alle Arten von Früchten essen. Denn wenn bei uns Winter ist, ist es auf der anderen Seite der Welt Sommer und dort wachsen die Früchte, die wir auch dann bei uns genießen können, so als wäre auch bei uns Sommer. Auch lernen wir von anderen Völkern eine Vielfalt: andere Speisen, Musik, Mode, Literatur, Verhaltensweisen, ein anderes Genießen - oder auch nicht. Unterschiede veranlassen uns nachzudenken und inspirieren uns, sie bereichern unser Leben. Und wieder einmal können wir erkennen, dass Toleranz und Nächstenliebe, diese christlichen Verhaltensweisen, die Welt zum Guten verändern.

Dazu ein Gedicht

Wann werden die Menschen voller Liebe sein
und nicht nur an sich selber denken?
Erfüllt von Güte und nicht gemein,
mehr Vertrauen einander schenken?

Herzlos sein hat noch nie glücklich gemacht,
weil es das Herz deines Nächsten nicht erfreut.
Es gibt den „Einen" der sich freut und dann lacht,
der Widersacher ist es, der kein Verbrechen scheut.

Sei du anders, sei voller Herzenswärme und Liebe,
um das Wohlergehen deines Nächsten stets bemüht.
Handle so, das nichts deine Mitmenschen je betrübe,
dass Vertrauen und Zuneigung zu jedem dann erblüht.

– der Herr lässt den nicht unbelohnt, der voller Liebe ist.

Gerhard Jobs
Braunschweig den 20.04.2022

Gemeinschaft
(was ist dir eine Gemeinschaft wert?)

Einer kann etwas, was ein anderer nicht kann. Nicht alle können alles
gleich gut. Die Fähigkeiten und Talente sind oft sehr unterschiedlich
verteilt. Auch emotional kann es sein, wenn einer seinen Tiefpunkt
hat, ist der andere gerade obenauf. Auch der Altersunterschied ist
wesentlich. Junge Menschen haben mehr Kraft und Tatendrang,
ältere Menschen mehr Lebenserfahrung – im Allgemeinen.
Wenn aber jeder sich einbringt, lässt es sich gut leben. Wenn jeder
den anderen achtet, ist mehrheitlich Gemeinsamkeit und Harmonie
vorhanden. Allein ist man vielmehr den Wechselfällen des Lebens
ausgeliefert.
Der Erfolg liegt in der Gemeinschaft, gemäß dem bekannten
Ausspruch: „Einer für alle, alle für einen."
Auch die Familie, das Gemeindeleben ist doch eine Gemeinschaft –
oder?
Ein guter persönlicher Rat:
Vergeben und Vergessen zu können, dies ist eines der besten
Heilmittel gegen Seelenschmerz.
Nicht vergessen und nicht vergeben zu können, ist eine fortdauernde
Belastung des Wohlbefindens der Seele.

Gerhard Jobs
Braunschweig den 05.07,2022

Wenn Du die Welt verändern möchtest, musst Du bei Dir selbst anfangen.

Denn das, was Du erwartest, Dir wünschst, musst Du auch vorleben.

So kannst Du jemanden zeigen, dass es richtig ist, sich auch so zu verhalten - und der gute Samen beginnt sich zu entfalten und zu verbreiten. Denn Gutes wird letztlich das weniger Gute, ja sogar das Böse besiegen. Darum wird auch Gott über Satan triumphieren.

Gerhard Jobs
Braunschweig den 10.06.2022

Ein neuer (neues Jahr) Tag ist da

Dieser kann dich vor neue Herausforderungen stellen. Kann dir aber auch ungeahnte Freude bringen.

Vielleicht ist es der Tag, wo du deinen dir liebsten Menschen kennenlernst.

Ein Tag, wo dir gesagt wird, dass du deine volle Gesundheit wieder erlangt hast, oder erlangen wirst.

Oder du gesagt bekommst, dass du eine bessere berufliche Chance erhältst ... usw.

Es kann sogar der Tag sein, wo Du eine Entscheidung triffst, die dein ganzes Leben verändert. Du hast vielleicht erkannt, dass Gott lebt. Das er auch heute zu uns spricht durch seine erwählten Diener, seine Propheten.

Du weißt jetzt, was er von dir erwartet und wie gesegnet du bist. Ein neues, andersgestaltetes, ein besseres Leben beginnt. Wie dankbar sind wir für Gottes Führung?

Letztlich gibt dir jeder neue Tag eine neue Chance - du must sie nur ergreifen. Und du sollst wissen, der Herr hilft uns Gutes zu tun - wir sind nicht allein.

Gerhard Jobs
Braunschweig den 16.07,2022

Ein neues Jahr liegt vor uns – und wie wird es werden?
(Die moderatere Version)

Es ist wieder einmal der Monat Januar, der jetzt vor uns liegt – und ein neues Jahr beginnt. Und man fragt sich: "Was wird das neue Jahr mir bringen?" Ja, das ist schwer zu sagen! Was wird in der Welt geschehen? Wie verhalten sich deine Mitmenschen? Auch das Verhalten der Natur kann uns manche Überraschungen bringen. All dem, und vielem weiteren, sind wir irgendwie ausgeliefert.
Doch da gibt es noch etwas, was bestimmt, was das neue Jahr uns bringt. Und das sind wir selbst. Unsere Absichten, das was wir uns vornehmen, bestimmt doch auch zum großen Teil, was das neue Jahr uns bringt. Also können wir doch viel von dem, was geschehen wird, mit bestimmen. Und vergessen wir nicht, auch unser Verhalten, unsere Art zu leben, kann für unsere Mitmenschen ein Teil dessen sein, was diese im neuen Jahr erleben werden.

Gerhard Jobs
Braunschweig den 15.01.22

Was wird das neue Jahr uns bringen?
(Die etwas deutliche, weiterführende Version)

Dein Schicksal liegt doch auch in meiner Hand? – mindestens teilweise. Du weißt nicht, was ich Dir Gutes oder Böses tun will! Körperlich oder geistig? Ob ich Dich verletzen oder zu Bösem verführen will. Fühlst du den Einfluss, den andere auf Dich ausüben können? – den aber auch Du auf andere hast? Somit bestimmt ein Teil dessen, was du vorhast, Dein und auch das Schicksal anderer Menschen. Du siehst daran, wie wichtig es ist, welche Entscheidungen Du triffst, wie Du denkst und handelst. Du kannst eine Last oder Freude für Deine Mitmenschen sein – sie aber auch für Dich.
Und hier setzt die wunderbare Botschaft des Evangeliums an, mit der Aufforderung zur Nächstenliebe. Auch an das Wohl deiner Mitmenschen zu denken. Eine Hilfe, ein Segen für sie zu sein. Wenn

das in der Welt beachtet würde, wenn man bereit wäre so zu leben, gäbe es kein Einander-Belügen, kein Stehlen, kein Bedrohen und Morden, keinen Krieg – was für eine wunderbare Welt. Man würde einander achten, helfen – einfach sehr viel Gutes tun.

Gerhard Jobs
Braunschweig den 15.12 22

Was sind alles Kostbarkeiten?

Kostbarkeiten sind nicht nur Gold, Silber, Schmuck und Diamanten. Sind nicht auch gute Mitmenschen, Freunde, dir sehr wertvoll. Ja. kostbar? Sie verbringen Zeit mit dir, es gibt gute Gespräche, sie helfen dir in Not. Sie feiern doch auch Weihnachten zusammen mit dir. Weihnachten ist das große Fest der Nächstenliebe, das wünscht sich Christus auch für dich. Deine Mitmenschen, Deine Verwandten, sie sollen Dir wertvoll sein.

Sie sind keine toten Gegenstände, sie leben, sie gehören zur großen Menschenfamilie. Der Herrn sagt:

„Ein neues Gebot gebe ich euch: Liebt einander! Wie ich euch geliebt habe, so sollt auch ihr einander lieben." (Johannes 13:34)

Dein Beitrag zählt: Wichtig ist dabei auch, wie Du dich einbringst, wie du dich verhältst. Deine Liebe trägt wesentlich dazu bei, was dir und anderen sehr kostbar ist. Auch hier sollte erwähnt werden, dass die Evangeliumsprinzipien, die Lehre des Herrn, uns eine große Hilfe sein können.

Gerhard Jobs
Braunschweig den 16.07,2022

Urlaub

Urlaub machen kann wirklich heilsam sein. Endlich einmal ausspannen, dem täglichen Trott entfliehen, dies kann tatsächlich notwendig sein. Sich neu ausrichten und neue Eindrücke sammeln, kann Not tun. Sogar eine längere Auszeit nehmen, kann notwendig werden.

Sich auf das Wesentliche besinnen, lässt uns den tieferen Sinn des Lebens finden. Hierbei kann uns eine Wanderung durch Gottes schöne Natur eine Hilfe sein — darum ist sie wohl auch erschaffen worden.

Sind wir dem Herrn dafür dankbar?
Ist es nicht schön sich gelegentlich Urlaubsbilder anzusehen? Sich an all das Erlebte zu erinnern? An das, was unser Herz mit Freude erfüllt hat? Uns an liebe Menschen zu erinnern? An das gemeinsam Erlebte, an die schönen Augenblicke, die uns so viel bedeutet haben?
Genau das ist es, was Gott unser Schöpfer für uns im Sinn hat - Menschen sollen sich des Lebens erfreuen.
All seine Gebote und Regeln, sein Evangelium, verfolgen diesen Zweck.   Es lohnt sich dies alles zu kennen und danach zu leben.

Gerhard Jobs
Braunschweig den 24.07.22

Wenig oder nichts zu wissen ist doch gar nicht so schlecht!

(dies ist etwas Sarkastisches. Nicht gemeint sind körperlich und geistig Behinderte)

Du gibst anderen die Gelegenheit zu glänzen. Du kannst nur für sehr wenig verantwortlich gemacht werden. Du hast mehr Freizeit, denn um Wissen zu erlangen musst du viel Zeit aufwenden - vielleicht sogar Geld. Du hast weniger Angst, denn du erkennst die Gefahr nicht. Du bist der Gefahr eines Burnouts kaum ausgesetzt, denn du kannst mehr in dir ruhen. Auch machst du kaum jemandem den Arbeitsplatz streitig, denn wer will dich schon haben? Du kannst nicht entlassen werden, denn du hast wahrscheinlich keine Arbeit.
Auch kannst du die Leistungen von der Sozialfürsorge in Anspruch nehmen und dein Leben ist gesichert. Du hast mehr Zeit für Dinge, die dich erfreuen - und für noch vieles mehr.
Ist dieses wilde Streben nach Erfolg und Anerkennung denn wirklich so wichtig? - leider hat die Sache auch einen Haken: Wer bezahlt dir deine Wohnung, vielleicht den Krankenhausaufenthalt, die Leistungen der Sozialfürsorge etc. Wer hilft dir bei Problemen, wer erfand deine „Spielzeuge" mit denen du die Zeit vertreibst? - der Unwissende? Sollten wir nicht alle unseren Beitrag füreinander leisten? Wissenserwerb ist schon wichtig und richtig. Schon in der Heiligen Schrift heißt es: Schriftstelle?!

Gerhard Jobs
Braunschweig den 19.07.2022

Was sprichst du? Was denkst du?

Ist das, was du sagst, auch das, was du denkst, was du meinst?
Wenn deine Worte, die du sprichst und das was, du denkst, inhaltlich
übereinstimmen, spricht das für deinen Charakter.
Wenn nicht, musst du etwas (vielleicht dich) ändern. Überlege dir,
stimmen deine Worte mit deinen Gedanken und Absichten überein?
Verschweigst du vielleicht etwas? Oder täuschst du absichtlich?
Willst du jemanden auf eine falsche Fährte führen? Du Dich
herausreden? Dir vielleicht Vorteile verschaffen?
Bitte denke daran, alles wird offenbar werden, und auch Du musst
dann dich vor Gott verantworten.
Wie gut ist es ehrlich zu sein. Dich nicht schämen zu müssen. Jedem
jederzeit mit reinem Herzen in die Augen schauen zu können. Das ist
eine gute Basis für eine gute Freundschaft und zeigt Nächstenliebe.

Dazu ein Gedicht:

Ich sah in deine Augen und mir wurde klar,
das ist ein guter Mensch mit einem reinen Herzen,
solche sind (gibt es) leider viel zu selten, wohl wahr.

Ist es nicht gut, dass man jemandem noch vertrauen kann?
Indem man einen wirklichen Freund erkennt?
Solche Menschen gibt es noch – dann und wann.

Wie wichtig ist es, ehrlich und gut zu sein,
deinem Nächsten mit Liebe zu begegnen,
sodass er sich verstanden fühlt und er ist nicht allein.
– Ja, die Nächstenliebe verändert die Welt zum Guten!

Gerhard Jobs
Braunschweig den 25.06,2022

Dieses Leben ist zu kostbar um seinen Wert zu verschweigen.

Welchen Wert hat das Leben auf der Erde für uns?
Seinen Wert erkennt man bei diesem vielen „Auf und Ab" des
Erdenlebens nicht so leicht. Freud und Leid sind allzeit zu finden, und

man fragt sich sehr leicht: Was soll das alles? Man versucht möglichst gut und erfolgreich über die Runden zu kommen - und das war's dann? Man sollte auch beachten, was das Erdenleben uns für Freuden bereiten kann. Die schöne Musik, gute Theaterstücke, gute Fernsehprogramme und Filme, Bücher und Gemälde, schöne Bauten – nicht zuletzt die schöne Schöpfung mit ihren Pflanzen und der Tierwelt, Sonnenauf und - untergänge und vieles mehr. Auch liebe Mitmenschen sollen nicht unerwähnt bleiben.

Man kann natürlich auch die negativen Seiten aufzählen, das möchte ich mir ersparen. Sehen wir doch möglichst das viele Positive, das uns aufrecht hält, das Mut macht und uns vor Depressionen bewahrt.

Oder hat das Erdenleben noch einen größeren, höheren Wert?

Gut beraten ist man, wenn man den befragt, der alles erschaffen hat, die ganze Schöpfung, also auch die Erde und alle Bewohner darauf. Fragen wir doch den Urheber aller Dinge, Gott unseren Herrn, wozu er uns auf die Erde gestellt hat! Seine Antwort ist interessant – übrigens, sie ist in den Heiligen Schriften, der Bibel und den weiteren neuzeitlichen Offenbarungen und den Worten der lebenden Propheten und Apostel zu finden.

Es ist gut, gelegentlich jemandem mitzuteilen, was dir das Leben auf der Erde bedeutet. Wir leben nämlich auch von dem Miteinander – und vielleicht ist dies auch ihm und dir eine Hilfe für das Leben auf der Erde.

Gerhard Jobs
Braunschweig den 08.07,2022

Etwas zum Nachdenken (1)

Wer hat den Atem dir verliehen?
Wer hat Beweglichkeit und Intelligenz dir geschenkt?
Warum hat er dich zum Herrn über die Erde gemacht?
In wessen Ebenbild bist du erschaffen?

Gerhard Jobs
Braunschweig den 24.07,2022

33

Klagen

Wer ständig klagt, mit nichts zufrieden ist, hat schon keine
Lebenslust mehr. Sieht seine Möglichkeiten, sein Potential nicht
mehr. Für ihn ist die Welt öde und leer.
Selbst seine besten Freunde ziehen sich nach und nach zurück, wer
möchte schon ein ständiges Klagen und Jammern hören?
Auch wenn sie dich mögen, dir wohlgesonnen sind, können sie nicht
unendlich deinen Leidensgesang ertragen.
Muss man immer ein Klagelied singen?
Such doch das Positive und du wirst es finden, denn es gibt auch viel
Positives –denn es heißt schon in der Heiligen Schrift ".... , sucht,
dann werdet ihr finden; ... " Lukas 11:9,10 – und schon fühlst du
dich etwas besser!
Warum beklagt man sich? Man sollte lieber die Zeit, die noch
vorhandene Kraft dazu nutzen, um eine Strategie zur Änderung der
Probleme zu entwickeln. Glücklichsein ist oft auch eine
Einstellungssache. Menschen können auch bei genügend Freizeit und
Freiheit, ausreichender Gesundheit und Finanzkraft unzufrieden
sein. Selbst von guten Freunden umgeben sein und immer noch
unglücklich sein. Sie müssen ihren eigenen Wert erkennen, mehr auf
das Schöne im Leben schauen, mehr Gottvertrauen haben. Das
Klagen wird dann weniger, die schönen und wertvollen Dinge
werden wieder erkannt   — ein neues Lebensgefühl entsteht.

Gerhard Jobs
Braunschweig den 24.07,2022

Wie schön ist es allein zu sein!

Keiner widerspricht dir, du musst dich nicht auf andere einstellen, du
musst nichts geheim halten oder verstecken — du kannst ganz du
selbst sein. Du hast viel Zeit zur freien Entfaltung, und du brauchst
dich nicht verstellen, du kannst deinen Lebensgewohnheiten freien
Lauf lassen. Du bist keinen kritischen Blicken ausgesetzt.
Warum suchen Menschen Gemeinschaft? Um Anerkennung zu
erhalten? Um zu Imponieren oder gar um zu Herrschen? Weil sie
allein nichts mit sich anzufangen wissen? Jemanden brauchen, der sie
führt, sie verhätschelt und bespaßt? — oder für sie alles bezahlt?
Ja, allein zu sein, kann ganz toll sein.

Und doch - - -
suchen wir Gemeinsamkeit. Denn sie kann sogar sehr schön sein –
wenn man die dafür notwendigen Regeln beachtet. Eine glückliche
Familie ist ein gutes Beispiel dafür. Gemeinsame Erlebnisse haben
und genießen, ist doch wirklich schön. Seine Gedanken mit anderen
teilen, diskutieren, sich austauschen ist gut. Da bekommt man oft die
notwendige Hilfe die man braucht, ohne die man alleine vielleicht
nicht mehr zurechtkommen würde.
Die Nächstenliebe ist wieder einmal der Schlüssel zum Glücklichsein!
Tatsächlich, beides braucht man: Gemeinsamkeit und auch das
Alleinsein. Von beidem etwas. Und wieder einmal: Die Gegensätze
geben vielem, auch dem Leben, erst seinen besonderen Wert.

Gerhard Jobs
Braunschweig den 14.08,2022

Hoffnung (2)

Wenn wir die Hoffnung verlieren, uns aufgeben (ohne Hoffnung
sind), haben wir teilweise den Sinn des Lebens verloren. Dann sind
wir wohl ein hoffnungsloser Fall geworden. Bedenken wir: Die
Hoffnung gibt uns den notwendigen Antrieb, ist unser Motor, der uns
vorwärts gehen lässt. Hoffnung motiviert und lässt uns Ziele finden
und anstreben. Auch unser Schöpfer macht uns Mut, uns auf das
Leben zu freuen.
Was wäre mit der Menschheit geschehen, wenn unsere Vorfahren
allen Mut verloren hätten? Hätten sie Kinder haben wollen? Wären
wir dann hier? Ist nicht ihr Mut zum Leben uns zum Startfeld unseres
Lebens geworden? Schauen wir positiv in die Zukunft, packen wir an,
gestalten wir unser Leben. Setzen wir die Kräfte frei, die unser
Schöpfer uns mitgegeben hat. Auf ihn können wir uns verlassen, er
hilft uns — er hat uns nicht zum Verlieren auf die Erde gebracht.

. . . dazu ein kleines Gedicht:

Ich sah ihn an und mir wurde klar,
dass ich nicht mehr ohne Hoffnung war,
Er lächelte mir zu, da fühlte ich wieder gut
und ich bekam für mein Leben neuen Mut.

35

Oft ist es eine Kleinigkeit, die etwas entfacht,
und dann bei einem eine große Änderung macht.
Ja, die Kleinigkeiten haben einen enormen Wert,
die so viel bewegen, und schon fühlt man sich sehr begehrt.

Seine Nähe bedeutet mir auch heute noch sehr viel
und immer noch, habe ich für ihn dieses gute Gefühl.
Ich hoffe, er wird mir noch lange nahe sein,
dann bin ich glücklich, fühl mich geborgen, und nicht allein.
   –   oh, wie schön wird dann meine Zukunft sein!

Gerhard Jobs
Braunschweig den 27.07,2022

Weihnachten (1)
(. . . und Glauben)

   – ich saß in meinem Lehnstuhl und dachte über
Weihnachten nach:

Kein neuer heller Stern ist mir erschienen,
kein Engel hat eine gute Botschaft mir gebracht,
Auch Weise aus dem Morgenland fanden keinen Weg zu mir.

Was soll mir das Weihnachtsfest denn bedeuten?
Nur weil man früher davon berichtet hat?
Soll ich darauf vertrauen und das glauben?

Ich brauche Klarheit, ich brauche Beweise, sonst glaube ich nicht.
Immer noch saß ich in meinem Lehnstuhl und dachte weiter nach.
Wieviel muss man eigentlich glauben? Beweisbar ist nur die
Gegenwart,und einige übriggeblieben Reste aus der Vergangenheit.

Die Geschichten von meinen Großeltern, habe ich nicht erlebt, ich
muss glauben.
Wie viele Städte habe ich nie gesehen, auch hier musste ich glauben,
dass es sie gibt.

Ich könnte hinfahren und sie mir ansehen – also ich muss was tun.
Der Arzt sagt die Tabletten helfen, ich muss glauben und sie
ausprobieren.

Auch die Schöpfung ist doch da! Einiges davon kann ich sehen und
anfassen, doch vieles auch nicht. Ich konnte bis jetzt Christus nicht
sehen und berühren – ich muss glauben. Wenn man ihn ignorieren
würde, was würde dann besser sein? Was würde ich gewinnen?

Ich dachte weiter an Weihnachten, an Christus, an sein Leben, seine
Wunder,
die Empfehlungen und die Gebote, die er uns gegeben hat.
Von den vielen Geboten wählte ich das Gebot der Nächstenliebe aus
und dachte darüber nach.

Man sollte die Geboten ausprobieren, um sich Gewissheit zu
verschaffen, sie sich beweisen.
Plötzlich erkannte ich deren Wirkung: Wenn ich meinen Nächsten
liebe, werde ich ihn nicht:
belügen, bestehlen, betrügen, verleumden, beleidigen, bedrohen –
und endlos geht es weiter.

Ich begriff für mich, dass die Geburt des Heilandes, die des Retters,
uns viel bedeutet.
Würde man tun, wozu der Heiland uns auffordert, hätten wir eine
bessere Welt und auch
die Weihnachtsbotschaft würde die Welt erheblich verändern.

Es gäbe Nächstenliebe, keine Armut, keine Kriege, keinen Neid,
keinen Hass und und und
Ja, wir hätten eine bessere Welt.
Ich begann die Lehren von Jesus Christus als richtig zu erkennen.
Ich begann zu verstehen, stand auf und überlegte, wie ich mit einem
kleinen Geschenk jemandem eine Freude machen könnte, ich begann
mich auf Weihnachten zu freuen.

Gerhard Jobs
Braunschweig den 12.10.2023

Zukunft

Wer hätte nicht gerne eine gute Zukunft? Um sich auf Kommendes freuen zu können? Es ist dabei zu berücksichtigen: Unsere Zukunft bestimmen wir in vielen Fällen selbst, denn sie ist oft die Folge unserer Wünsche, Entscheidungen und Taten -- vieles liegt also in unserer Hand.

Viele unserer Tätigkeiten bestimmen nicht nur unseren jetzigen Zustand, sondern sie wirken auch auf unser späteres Leben ein. Oft planen wir ganz bewusst, was wir noch erreichen wollen, um auch später ein sicheres und gutes Leben führen zu können. Es wäre sehr kurzfristig, nur den Augenblick zu leben. Auch die Verantwortung, die wir für andere haben, kann uns veranlassen, an die Zukunft zu denken. Wer eine Familie hat, sorgt der sich nicht um seinen Ehepartner und die Kinder? Schon immer war es klug zu planen und vorausschauend zu handeln. Da wir aber nicht alles voraussehen können, sollte man einige Eventualitäten einplanen. Es hat sich als gut erwiesen, zu erkennen, dass wir Söhne und Töchter unseres himmlischen Vaters sind – und an seinen Vater kann man sich immer wenden und seinen Rat einholen.

Gerhard Jobs
Braunschweig den 30.07,2022

Verlieren – finden!

Ja, etwas verlieren – oder finden, kann Dir viel bedeuten! Manchmal ist es gut etwas gefunden zu haben. Manchmal aber auch, es verloren zu haben. Für einiges, sei froh, wenn du es verloren hast - besonders, wenn es nichts Gutes war. Wenn du nach langem Suchen etwas gefunden hast, finde schnell heraus welchen Wert es für dich hat - damit du keinen Schaden davon trägst. Wo kannst du die beste Hilfe für das was du finden solltest und für das was du getrost verlieren kannst, erhalten – denk mal drüber nach, du wirst es finden.

Gerhard Jobs
Braunschweig den 04.08,202

Ratschläge

Viele Empfehlungen und Ratschläge haben uns schon geholfen, sicher durch dieses Leben zu gehen. Leider nicht alle. Es kommt sehr darauf an, wer es ist, der uns Rat erteilt. Der Rat, den Menschen uns erteilen, trägt Unsicherheit in sich, denn Menschen sind nicht vollkommen. Schlechte Gewohnheiten, unnötiges Material und vieles mehr, können wir getrost verlieren. Dagegen ist es gut, die Dinge zu erwerben, die einem selbst, aber auch anderen dienlich sind. Denn genau das ist es, was der Herr sich wünscht. Darum die vielen guten Empfehlungen in den heiligen Schriften, die guten Worte der lebenden Propheten, die Empfehlung Gott im Gebet zu fragen.

Gerhard Jobs
Braunschweig den 04.08,2022

Geburtstag

Das Du geboren bist, ist ein großer Segen für mich.
Heute würde ich sagen, was wäre ein Leben ohne Dich.
Vieles haben wir gemeinsam erlebt,
vieles hat unsere beiden Seelen sehr belebt.

Auch sagtest Du oft zu mir,
ich erweitere Deine Seele dir.
Meine Art, Dich niemals zu betrüben,
half Dir sehr, mich zu lieben.

Die Beziehung, die zwei Menschen pflegen,
kann beängstigend sein oder auch ein Segen.
Unser beider Einstellung Gott zu vertrauen,
ließ uns gemeinsam eine gute Zukunft bauen.

Hoffentlich liegen noch viele gute Jahre für uns bereit,
für eine gute Zukunft, für ein Leben zu zweit.
Ja, wir wollen unserem Herrn und Schöpfer vertrauen,
dann können wir mutig in die Zukunft schauen.

Dieses kleine Gedicht soll Dir deutlich zeigen:
Ich gehöre Dir, bin fast Dein eigen.
In tiefer Liebe Dein   . . . .

. . dazu ein Geburtstagsgedanke von mir

Nicht das Alter bringt Dich zu unserem Herrn zurück,
Dein Lebenswandel, Deine Treue, sei ihm nicht fern.
Nicht Dein Alter bringt Dir Dein Lebensglück,
sondern die Liebe zu den Kindern des Herrn.

Nur wenn wir die Nähe zu unserem Herrn suchen,
werden wir den Sinn des Lebens erkennen.
Auch werden wir dann mehr Erfolg verbuchen
und wir werden uns mutig zum Herrn bekennen.

Willst Du Deinem Leben einen tieferen Sinn geben,
einer hoffnungsvolleren Zukunft entgegen gehen.
Dann tut es Not, nach der Weise des Herrn zu leben
und in Deinem Leben werden Wunder geschehen.

Gerhard Jobs
Braunschweig den 05.10.2023

Hunger

Hunger ist vielseitig. Nach vielem kann uns hungern. Immer wenn
wir uns etwas wünschen, liegt ein Wunsch, ein Bedürfnis vor, ja wir
hungern danach. Meistens ist nach etwas hungern, mit Gefühlen
verbunden. Wir haben Hunger nach: Nahrung, Anerkennung,
Verständnis, Befriedigung, Sicherheit, Frieden – und vielem mehr,
denn Hunger ist individuell.
Nach etwas hungern kann uns negativ aber auch positiv veranlassen
zu suchen oder etwas zu tun. Und wonach wir suchen sollten, da gibt
es viel Rat in den heiligen Schriften – lies doch mal darin.

Sollten wir Hunger haben?
Dass wir nach etwas hungern, Wünsche haben, das steckt in uns und es ist auch von unserem Schöpfer beabsichtigt. Denn etwas haben oder erreichen zu wollen, nach etwas hungern, ist eine Antriebskraft. Sie lässt uns tätig werden und unserem Leben einen Sinn geben. Allerdings müssen wir aufpassen, wozu wir uns bewegen lassen. Die Heilige Schrift, die Worte der lebenden Propheten, die Antworten auf unsere Gebete, die Inspiration durch den Heiligen Geist, dies alles sind Mittel, wodurch der Herr uns führen und leiten will. Seien wir dankbar, dass uns unser himmlischer Vater so viele Möglichkeiten an die Hand gibt, sicher durch dieses Leben zu gehen. Diese Hilfsmittel und sein Rat, lassen uns unserem Leben einen Sinn geben – und wie dankbar sind wir ihm für seine Hilfe?

Gerhard Jobs
Braunschweig den 09.08,2022

Weihnachten (2)
(. . . ist es noch ein besonderes Fest?)

Hat das Weihnachtsfest seinen ursprünglichen Sinn, seinen eigentlichen Wert schon verloren?
So wie Weihnachten immer mehr den ursprünglichen Wert verloren hat und jetzt ganz andere Werte aufzeigt, so verliert auch der Sinn des Lebens, wie unser Schöpfer ihn uns vorgegeben hat, immer mehr an Wert. Das Christuskind, wird kaum noch wahrgenommen, materielle Geschenke stellen mehrheitlich den Sinn des Weihnachtsfestes dar. Ja, es ist gut jemanden zu beschenken und doch gibt es noch viel mehr   – etwas, was eine viel größere Auswirkung auf unser Leben hat.
Geschenke die wir geben sind Liebestaten, Liebesgaben und die sind gut und wertvoll. Doch das Raffinierte an der guten Tat, einander durch Geschenke zu erfreuen ist, dass der Widersacher dadurch auch versucht, von dem wirklichen Sinn des Weihnachtsfestes, die Geburt unseres Heilandes zu feiern, uns abzulenken. Es wird das Bessere leider nur durch Gutes ersetzt. Könnte man nicht die Geburt des Heilandes feiern und dies mit einer von Herzen gegebenen Gabe

verbinden? Wie in fast allem im Leben kommt es darauf an, warum man etwas tut. Auch der Heiland hat uns beschenkt durch sein Sühnopfer. Auch hat er uns, wenn wir von Bösem umkehren, zugesagt, unsere Schuld zu tilgen. Sein Geschenk ermöglicht uns das ewige Leben, und es ist viel mehr als alle Geschenke, die Menschen uns geben können. Seien wir für dieses alles überragende Geschenk dankbar, denn es hat ewige Auswirkungen für uns.

Gerhard Jobs
Braunschweig den 14.08,2022

Liebe (1)

Wer Liebe schenkt, schenkt sehr viel, denn er schenkt nicht nur einen Gegenstand, sondern einen Teil von sich selbst.
Kann man mehr geben? Darum ist die Liebe die größte aller Gaben.
Ja, wir sollen unseren Nächsten wirklich lieben.
Auch kann jeder sie geben, denn sie ist unabhängig vom Alter, dem äußeren Erscheinungsbild, Reichtum, der Nationalität, dem Bekanntheitsgrad usw. (Lukas 10:27)
Sie, die Liebe, gibt sehr viel, denn sie ist auch der beste Therapeut – denn die meisten Krankheiten sind seelischen Ursprungs.

Gerhard Jobs
Braunschweig den 02.07.2023

Eitelkeit

Sie macht dich blind für die Nöte anderer
und lässt dich nur glücklich sein, wenn du glaubst
über deine Mitmenschen zu stehen;
... und du siehst nicht mehr die wirklichen Werte des Lebens.

Gerhard Jobs
Braunschweig den 26.03.2023

Ein Blick in den Spiegel?

Lohn es sich hinein zu schauen? Schauen sie doch gar nicht erst in den Spiegel hinein, dann bleiben ihnen vielleicht eine Überraschung, vielleicht sogar eine Enttäuschung erspart – gelegentlich schon. Denn das Spiegelbild sagt einem oft die Wahrheit, die man gar nicht wahrnehmen möchte. Vielleicht finden sie sich auch attraktiv und schön – warum nicht. Aber bei all diesen Empfindungen denken sie auch daran, das ist nur ihr subjektives Bild. Ein anderer kann es ganz anders wahrnehmen – und wie wird unser aller Schöpfer sie wohl sehen?

Ja, natürlich will man wissen, wie man aussieht, was einem gut steht, oder was man vielleicht ändern sollte. Wenn man sich gar nicht mehr ansieht und auch nicht beachtet, kann man auch keine Änderung vornehmen oder mit dem augenblicklichen Zustand zufrieden sein. Interessant ist auch, wie man auf sein Äußeres reagiert. Ist man mit seinem Erscheinungsbild zufrieden, eventuell auch ein wenig eitel? Oder betrübt und man empfindet eine depressive Stimmung? Bedenke auch, dass dein Lebenswandel, im Wesentlichen deine Ausstrahlung bestimmt – und dieses ist wichtiger als dein äußeres Abbild. Interessant ist auch, wenn du mehrere Menschen befragst, wirst du feststellen, dass sie dich nicht alle gleich, also anders sehen, – egal was du magst, du kommst bei jedem verschieden an. Einen gibt es, der liebt uns, denn wir sind seine Kinder, bei ihm kommen wir sicher gut an.

Gerhard Jobs
Braunschweig den 24.08,2022

Eine flüchtige Begegnung

Fröhlich und beschwingten Schrittes ging ich den Weg entlang. Er war ja auch zu schön, der Feldweg mit seinem vielen Grün und dies bei herrlichem Sonnenschein. Auch die Tierwelt tat ihr übriges dazu. Vögel zwitscherten in den Zweigen und gelegentlich konnte man sehen, dass ein Kaninchen den Feldweg überquerte. Ja, ich genoss das Leben in der freien Natur. Einmal frei sein von der Hektik des täglichen Lebens, vom Arbeitsstress und dem Nachdenken über die immer noch zu erledigenden Aufgaben. Einfach einmal die vorhandenen Probleme des Alltags vergessen zu können. Ich mag

schon gut eine Stunde unterwegs gewesen sein, als es hinter mir
klingelte und eine Frau fuhr mit ihrem Fahrrad an mir vorbei. Sie rief
mir fröhlich zu: "Ja, wie schön ist es in Gottes Natur. Einmal in aller
Ruhe unterwegs zu sein". Ich dachte über ihre Worte nach, besonders
über „in aller Ruhe". Ja, darum war ich doch auch hinaus gegangen.
Und wie flott und beschwingt war ich doch auch unterwegs.
Nach etwa gefühlten 10 Minuten gelangte ich an eine Weggabelung
und ich entschied mich für den nach rechts führenden Weg. Nach
weiteren vielleicht wieder 10 Minuten traf ich wieder auf die Frau,
die mir so fröhlich „die Ruhe in Gottes Natur" empfohlen hatte.
Dieses Mal sagte ich recht fröhlich „schon jetzt bereit für eine Pause"?
Sie antworte recht keck: „so eine alte Frau wie ich eine bin, braucht
halt schon öfters eine Pause". Und sagte gleich weiter: „Bitte keine
falschen Komplimente, ich weiß, dass ich schon einiges über 60 Jahre
alt bin – ich liebe die schonungslose Wahrheit". "Das haben sie aber
nett gesagt", gab ich zur Antwort." Und ich sagte weiter "eine kleine
Pause, die könnte ich jetzt auch gebrauchen." "Na gut, setzten Sie
sich kurz zu mir – ein Pausenbrot, habe ich aber nicht dabei". Ich
lächelte ihr zu und nahm in respektvollem Abstand neben ihr Platz.
Einige, die Schönheit der Natur betreffende Gedanken teilten wir
miteinander und deutlich konnte ich dabei erkennen, wie viel
Respekt und auch Liebe sie der Natur und dem Schöpfer
entgegenbrachte. Was für eine besondere aber auch eigenartige Frau
sie war. „Ja, ich glaube an Gott, dem Schöpfer und an seine Liebe für
uns Menschen, und ich bete oft zu ihm und hole mir Rat.".
Später auf dem Heimweg, so ganz alleine ließ mich dieses Thema
nicht los. Die Natur wird mehrheitlich wertgeschätzt – aber der
Schöpfer? Die Dinge der Biologie werden in der Regel gut erklärt,
aber über einen Schöpfer wird in der Regel kein Wort verloren. Die
Abläufe in der Natur folgen doch einfach nur den Naturgesetzen. Ob
man an einen Schöpfer glaubt oder nicht, das beeinflusst zum
Beispiel die Ernten im Garten nicht. Die Notwendigkeiten und die
Gesetzmäßigkeiten machen den Unterschied. Wird gewässert,
gedüngt, gibt es wenig oder viel Sonnenschein etc. das bestimmt
mehrheitlich den Ertrag der Ernte. Mehrheitlich, aber nicht nur,
dachte ich so bei mir. Ist das alles nicht viel höher aufgehängt?
Nehmen wir nur einmal die Sonne. Ihre Wärme, ihr Licht, könnten

wir darauf verzichten, um eine Ernte zu haben? Der natürliche Wasserkreislauf? Wie sähe eine Ernte ohne Insekten aus? Vielleicht jede Blüte weltweit mit einem kleinen Pinsel bestäuben gehen. Ist die Erde mit ihrer Vegetation, alles weitere, letztlich das ganze Weltall aus dem Nichts erschaffen? Wer hat so eine große Intelligenz, solche Kraft, das ganze Material, um so etwas Großes entstehen zu lassen? Und wer hat die Regeln für die Natur aufgestellt? Der Mensch? Ja, ein wenig haben wir Menschen schon herausgefunden. Oder ist alles Zufall? Steckt irgend ein mythischer Zauber dahinter? Was ist mein Körper für ein Wunderwerk? Mir wurde klar, der Mensch, der selbst nur ein Teil der Schöpfung ist, wird die ganzen Zusammenhänge nicht begreifen – er ist nur ein Teil der Schöpfung und nicht der Schöpfer von allem.

Mir wurde klar, durch Logik allein, werde ich den ganzen Zusammenhang nicht herausfinden, aber beten und Gott fragen könnte ich schon. Als Antwort auf mein Gebet könnte ich dann mehr innere Sicherheit zu diesem Thema erlangen. Ich könnte mehr Vertrauen zu ihm, zu Gott, erlangen. Selbst wenn er mir alles erklären würde, könnte ich all die komplexen Zusammenhänge wirklich begreifen? Würden andere Menschen mir glauben? Ich wäre genau so allein wie vorher, nur dass ich für mich jetzt wüsste, es gibt ihn – und ist das nicht das Wesentliche? Dass jeder Mensch für sich herausfindet, dass es Gott gibt, dass er existiert, und er somit Gott vertraut, und seine Gebote z.B. das wichtige Gebot der Nächstenliebe befolgt. Allein dann schon hätten wir eine andere, eine bessere Welt. Es lohnt sich über das Leben nachzudenken, zu beten, und dabei die Größe und Kraft des Schöpfers ein wenig mehr zu begreifen. Wir sind keine Zufallsprodukte oder nur eine Laune der Natur. Wir sind Gottes Kinder und ihm wertvoll, wir werden von ihm geliebt. Diese Erkenntnis kann dein ganzes Leben ändern, ihm einen tieferen Sinn geben. Für mich hat es sich wirklich gelohnt.

Ich sah diese liebe Frau nie wieder, aber ihren Mut, mir von Gott zu erzählen, hat mich nicht nur nachdenklich gemacht sondern dazu beigetragen, meine Lebensgewohnheiten zu ändern – danke, das es solche Frauen, solche Menschen, wie sie gibt.

Gerhard Jobs
Braunschweig den 08.09.2022

Der Fingerzeig Gottes

Schade, zu oft wird er nicht erkannt,
das Wirken des Herrn wird nicht verstanden.
Sein Wirken, sein Tun, ist bei vielen nicht bekannt,,
Kenntnis von ihm kommt immer mehr abhanden.

Von wem will die Welt denn Führung haben,
Sicherheit und Führung nur erhalten?
An welcher geistigen Nahrung will man sich laben,
dazu gibt es viele Meinungen, die alles spalten.

Wer möchte Gott überhaupt noch kennenlernen,
da kaum einer ihn noch versteht, sein Tun, sein Walten,
so ist es verständlich, das immer mehr sich von ihm entfernen,
dass bei vielen die Liebe zu ihm, dabei ist zu erkalten.

. . . wohin führt das alles? Können wir dann noch den Rückwärtsgang
einschalten?

Gerhard Jobs
Braunschweig den 08.09.2022

Der Weg
(wohin führt er uns)

Oft stellt man sich die Frage, wohin soll das alles noch führen? Die
wirtschaftliche Lage ist ungewiss. Fast alle Artikel werden teurer.
Krankheiten bedecken das Land. Es gibt zu viel Korruption. Auch gibt
es immer mehr Unehrlichkeit. Kaum eine Ehe hält länger als zehn
Jahre, wenn man überhaupt heiratet. In vielen Ländern auf der Welt
gibt es Hungersnöte. Die Naturkatastrophen nehmen ständig zu. Die
Kriminalitätsrate steigt, es gibt immer mehr Unsicherheit. Selbst
Kriege sind vermehrt auf der Erde zu finden.
Warum wohl? Die Machtinteressen gewisser Gruppen nehmen zu.
Mehrheitlich wird nur an sich gedacht, die Nächstenliebe erkaltet.
Folglich nehmen bei den meisten Bürgern die Krankheiten zu, die
einen seelischen Ursprung haben.

Man fragt sich schon nach dem Sinn des Lebens? Was soll das alles? Was ist aus unserer Menschheit geworden? In dem Maße, wie der Glaube an Gott abgenommen hat und weiterhin abnimmt, die guten christlichen Werte verworfen werden, hat all dies Elend zugenommen. Wenn der Mensch nur noch an sich selbst glaubt und er meint, er sei das Maß aller Dinge, dann hat er den Weg, der zu diesem Elend führt, schon beschritten. Nur ein Zurück zu guten alten Werten, ein konsequentes Umdenken, wo Sitte und Moral und die Nächstenliebe noch eine große Rolle spielen, kann uns helfen. Wenn das nicht geschieht, wird es uns ergehen, wie es in den Heiligen Schriften heißt: „Schwere Zeiten stehen uns bevor". Wir werden dort vor diesen so genannten "letzten Tagen" gewarnt. In ihnen wird uns deutlich beschrieben, was wir zu erwarten haben.

Hier einige der Warnungen und Aussagen die „Letzten Tage" betreffend: Matthäus 24:3 – 8 und 29 - 31; 2 Timotheus 3:1 – 7; Offenbarungen des Johannes 6:1 – 17 und Kap. 16: 1 – 20)   Auch im Buch Mormon 8:29 – 31   und im Buch Lehre und Bündnisse29: 14 – 19 und in 88:87 – 91

Sein wir klug, suchen wir Gottes Nähe. Lassen wir uns von seinem Geist leiten, dann haben wir eine bessere, sogar eine gute Zukunft vor uns.

     Dazu einige kleine Verse:

Wo ist sie geblieben, die Dankbarkeit?
Für die Luft zum Atmen, für Wachsen und Gedeihen?
Sie lindert doch die Sorgen und so manches Leid.

Es ist gut, dankbar zu sein, für die Wunder der Natur,
dafür, dass es Ernte und somit immer noch Leben gibt.
 Geh doch hinaus, erkenne, sei froh, schaue und staune nur.
Wie weise, herrlich und gut, hat er alles durchdacht.
Weil er seine Schöpfung, selbst den Menschen besonders liebt.
Darum hat er, unser Schöpfer, dies alles besonders auch für uns gemacht.

Was wünscht er sich:
Dass wir uns untereinander besser verstehen,

Ihn als unseren liebenden, gütigen Vater sehen.
Wir Nächstenliebe üben und den Frieden erhalten
und das Wohlergehen unseres Nächsten im Blick behalten.
Und wir uns sein ewiges von Liebe geprägtes göttliches Walten,
als Beispiel nehmen und das für immer unsere Herzen nicht erkalten.

Gerhard Jobs
Braunschweig den 11.09.2022

Sehen können ist ein Segen

Der Frühling zeigt soviel Farbenfrohes, doch er, der Blindgeborene,
kann es nicht sehen, denn er ist blind. Das ist ein hartes Schicksal -
daran ist er unschuldig.
Auch geistig gibt es vieles zu sehen und zu erleben und doch sind
viele Menschen dafür blind – auch wenn sie mit ihren Augen recht
gut sehen können.
Die physischen Augen können oft durch die Kunst der Ärzte wieder
sehend gemacht werden.
Wie aber können den Menschen die geistigen Augen geöffnet werden,
damit sie das Geistige erkennen können?
Wir können sie ermutigen sich mit dem Wort Gottes zu beschäftigen,
sodass sie dann im Gebet den Herrn bitten, das er ihnen die Augen
öffnet.
Ja, es ist wichtig und erbauend, wenn man physisch und auch geistig
gut sehen kann.

Gerhard Jobs
Braunschweig den 01.12.2022

Weinen ist mehr als nur Tränen zu vergießen

Es zeigt dein Inneres, dein Fühlen und Denken auf, welche Sorgen
dich bedrücken oder welche Freude dich übermannt hat.
Weinen lässt Menschen deine Erregung erkennen und dir zu Hilfe
eilen, oder sie nehmen an deiner Freude teil. Alles ist doch so weise
eingerichtet worden.

Gerhard Jobs
Braunschweig den 23.01.2023

48

Ein Angriffskrieg

Krieg, unser Land wird angegriffen. Was nun? Wohin? Es bleibt oft nur noch die Flucht.

Wenn keine Zukunft in Sicht ist, kein Ausweg sich auftut, alles die eigenen Kräfte übersteigt, dann ist man gezwungen, selbst das, was einem vertraut ist, was man liebgewonnen hat, was einem viel bedeutet, zurückzulassen. Auf vieles, was einem sehr wertvoll ist, zu verzichten, es aufzugeben. Dann will man nur überleben – das bisschen Leben, das man noch hat, ist dann das einzige was einem noch bleibt.

Und wo will man dann auch hin? Wer würde einen aufnehmen? Wer hat genügend Mitleid? Man läuft ins Ungewisse.

Und dies oft nur, weil Menschen, die Macht haben, einem Land vorstehen, einen Krieg für richtig, für notwendig halten und ihn befehlen - also ein anderes Land überfallen.

Haben dann diese Menschen das Volk gefragt, ob sie Krieg wollen? Ob sie bereit sind einen anderen Staat anzugreifen? Sind sie bereit, für die Ideen der Regierung ihr Leben zu opfern? Eigentlich nie! Ihnen wurde befohlen es zu tun - unter Todesandrohung. Es gibt keine Volksabstimmung für so ein Unterfangen. Warum gibt man einer Regierung solche Macht?

Fast immer sind Regierende, die so handeln, nur auf Ihren Vorteil, Ihr Ansehen, ihre Weltmachtstellung aus.

Warum bleiben die Regierenden im Kriegsfall zu Hause? Dort wo es sicherer, gemütlicher ist - zu mindestens eine Zeit lang. Sollen sie doch Mut zeigen und vorrangehen, an die vorderste Front. Doch sie meinen, sie sind so wichtig, sie müssen alles dirigieren, nur sie haben die Übersicht und die Fähigkeit zum Sieg zu führen.

Ich freue mich auf den Tag, wo sie vor Gott stehen werden, um in den von Gott dafür vorgesehenen Ort geschickt zu werden - und gerechterweise ihren „Lohn" für ihr frevelhaftes Verhalten dort erhalten werden.

Gerhard Jobs
Braunschweig den 14.09.2022

Frieden?

Wann gab es ihn? Gibt es ihn jetzt? Hat der einzelne die Macht der Welt Frieden zu schenken? - nein, nur mit sich selbst und in seinem kleinen unmittelbaren Umfeld, kann er sich darum bemühen. Wir können hilfsbereit und nett sein, verzeihen und vergeben, aber der ganzen Welt Frieden schenken, das können wir nicht. Von uns erwartet der Schöpfer, unser Herr und Gott, dass wir Frieden halten. Dass wir Brücken der Versöhnung bauen, einander die Hand reichen, unsere Mitmenschen achten und lieben.

Weh aber denen, die mehr Macht haben, die hätten den Frieden bewahren können, es aber nicht tun. Letztlich wird der Herr jedem gemäß seinen Möglichkeiten, die er hat bzw. hatte, zur Verantwortung ziehen.

Bei allem was wir tun, sollen wir uns mit dem Herrn unserem Gott beraten, im Gebet mit Ihm verbunden sein. Seinen Rat einholen, die Heiligen Schriften zu Rate ziehen und den Anweisungen und dem Rat der lebenden Propheten und Apostel vertrauen. Gottes Sohn, unser Erretter und Heiland Jesus Christus, ist doch der „Fürst des Friedens" folgen wir seinen Anweisungen - so werden wir wenigstens in unserem Herzen Frieden haben und Gutes tun.

Die Liebe, die Nächstenliebe, die wir entwickeln und pflegen sollen, ist uns von Gott geboten worden. Sie ist der beste Garant dafür, dass Frieden noch gefunden werden kann und dass er sich ausbreiten kann. Lieben wir unsere Familie? Unsere Mitmenschen in unserer Nähe? Alle Kinder Gottes, egal woher sie kommen, wo sie wohnen und welches äußere Erscheinungsbild sie haben? – sind es nicht alles seine Kinder, Kinder Gottes.

Leben wir so, dass wir uns eines Tages freudig beim Schöpfer aller wiedersehen können.

Gerhard Jobs
Braunschweig den 15.09.2022

Schauen wir ein wenig genauer hin

Sehen wir noch, wenn Menschen Sorgen haben? Oder Hilfe brauchen? Können wir Körpersprache deuten?

Es gibt mehr Menschen, die Zuspruch und Zuwendung brauchen, als allgemein angenommen wird. Das Evangelium lehrt uns aufmerksam und fürsorglich zu sein - lassen wir uns vom Heiligen Geist leiten.

Allein nicht ständig in Hektik und Hetze zu sein, hilft uns zu sehen, wo wir gebraucht werden, helfen können. Seien wir für die Führung des Heiligen Geistes bereit. Auch nicht nur zu Hause zu bleiben, oder nur mit uns selbst beschäftigt zu sein, ist wünschenswert. Unter Menschen zu gehen, gibt uns Gelegenheit Gutes zu tun.

Gerhard Jobs
Braunschweig den 01.09.2022

Handeln ohne zu denken!

(. . . das kann gefährlich sein)

Was du tust, dein Handeln, sollte vorher gut durchdacht sein, sonst holen die Folgen, dass was du dann tragen musst, dich sehr schnell ein.
Wie gut ist es, im Leben viel zu erfahren und sich den Problemen gestellt zu haben. Somit hast du das Rüstzeug für ein erfolgreiches Leben erhalten. Wenn dein Nachdenken, dich dann zu dem Punkt gebracht hat: „Warum bist du auf der Erde?" Und zu dem Punkt: „Wie sieht denn das Danach aus?" Kann das Ergebnis für dein Wohlergehen und deine Zukunft von Bedeutung sein!
 Der Herr, unser Schöpfer, wusste, warum er uns auf die Erde gesandt hat.
Der Inhalt deines Kopfes, speziell das Gehirn, wird wirklich gebraucht. Alle Gliedmaßen würden ohne die Steuerung, die von deinem Gehirn ausgeht, nicht funktionieren. Diese wichtige „Schaltzentrale" macht alles erst möglich. Außerdem kann sie viel mehr. Dazu z.B. sei hier nur einiges aufgezählt: Sie lässt dich sehen, hören, riechen, fühlen, denken, kombinieren, sich erinnern, steuert alle Funktionen des Körpers   – und es lässt uns für Höheres empfänglich sein . . .

Gerhard Jobs
Braunschweig den 22.10.2022

Die Lebenskurve
(der Lebenszyklus)

Am Anfang und am Ende des Lebens erfährst du die größten Veränderungen. Bei einem kleinen Kind: Ist es 6 Monate, 12 Monate, 18 Monate ... und, und, und - du bist erstaunt über die schnelle Entwicklung, die schnellen Veränderungen. Du siehst, wie es ins Leben hineinwächst.

Auch bei älteren Menschen erkennst du die schneller werdenden Veränderungen: Ist jemand 75, 77, 80 Jahre alt, so bemerkst du auch hier die Veränderungen zum Beispiel im Aussehen, in der Beweglichkeit, im Sich-erinnern-können ... und, und, und - du siehst, wie der Mensch dem Ende entgegen geht.

Ob Jemand 30, 35. oder 40 Jahre alt ist, da sieht man nur geringfügige Veränderungen.

Fazit: Du kommst schnell in die Welt und gehst auch schnell aus der Welt - ist das nicht weise von unserem Schöpfer eingerichtet worden?

Du wirst schneller an die Aufgaben des Lebens herangeführt, um bereit zu sein für das Berufsleben, die Familiengründung etc.

Im anderen Fall, bist du schneller erlöst von der Zeit des Altseins, die oft verbunden ist mit Einsamkeit, Krankheit oder mit Anderen-zur-Last-fallen etc.

Wir können unserem Schöpfer dankbar sein, dass er es so eingerichtet hat. Er weiß, was für uns gut ist, denn er kennt das Leben, er hat uns ja erschaffen, und er liebt uns.

> Gerhard Jobs
> Freiberg den 27.10.2022

Etwas zum Nachdenken! (2)
(... vertrauen wir auf den Herrn)

Hast Du den Sinn des Lebens schon erkannt?
Ist das Leben auf der Erde nicht erbauend und schön?
Oder hat dich die tägliche Sorge ergriffen?
Bist du von Zweifeln bedrängt, fühlst du dich unsicher?
Ja, es gibt Sorgen, Zweifel und Unsicherheiten.

Aber mit der Hilfe des Herrn, kannst du alles zum Guten wenden.
Denn der Herr erweitert unseren Blickwinkel, er gibt uns weitere
Erkenntnis.
Sein Evangelium lehrt uns die richtigen Lebensregeln.
Dann können wir Fehler vermeiden und sicher durch das Leben
gehen.
- ja, die Liebe des Herrn ist groß, er führt uns, er lässt uns nicht
allein.

Gerhard Jobs
Braunschweig den 22.10.2022

Der Monat März

Dies ist der Monat, wo der Landwirt anfängt, die Felder für die
Aussaat vorzubereiten, damit Wachstum ungehindert beginnen kann.
Sodass auch eine Hoffnung auf eine gute Ernte besteht.
Auch wir sollten uns vorbereiten, ein erfolgreiches Jahr zu gestalten,
uns Ziele setzen und sie kontinuierlich anstreben. Dann kann auch
dieses Jahr gut für uns werden.
Was sind denn gute Ziele? Ziele, die uns ein angenehmes und sicheres
Leben ermöglichen? Ja, warum nicht - dies aber auch für unsere
Mitmenschen, denn wir leben nicht allein auf dieser Erde.
Welches wäre das beste Ziel? Wenn das Ergebnis über unser
Erdenleben hinaus uns eine gute Zukunft, ein ewiges Leben bei
unserem Schöpfer ermöglicht.

Gerhard Jobs
Braunschweig den 16.02.2023

Eine kleine neue Geschichte

Ich hatte neue Blumen auf ihr Grab gelegt und dachte so bei mir
"Schön war es, sie in meiner Nähe zu haben. Sie, meine große Liebe.
Ja, ich vermisse sie". Noch einen letzten Blick auf die Grabstelle, dann
ging ich schleppenden Schrittes nach Hause. Über 55 Jahre war sie
meine liebe Ehefrau, meine treue Gefährtin, mein Sinn des Lebens. Ja,

es ist ein Reifwerden, ein Aufblühen, für eine gewisse Zeit hat man nun schon sein Leben gemeistert und dabei viele Menschen kennengelernt. Und dann, dieses Besondere, einem Menschen besonders zugetan zu sein. Ja, ihn zu lieben und mit ihm dann gemeinsam das weitere Leben zu erleben – ist das nicht schön? Dabei wird das Miteinander-leben, zur Selbstverständlichkeit, man ist ein Team geworden. Jeder kennt seine Aufgaben und es wird vieles zur Selbstverständlichkeit. Und plötzlich kommt das Unerwartete und man ist allein. So wie bei mir, mein großes Glück, meine treue Ehefrau ist von mir gegangen. Und nun bemerkst du, wie viel sie für dich getan hat, was sie dir bedeutet hat, wie sehr du sie doch von Herzen geliebt hast. Ja, nun saß ich hier in ihrem Lieblingssessel, dachte an sie. Meine Augen wurden feucht, Tränen liefen über mein Gesicht. Nach einer Weile hatte ich mich wieder gefasst, stand auf und begann für mich ein einfaches Mittagessen zuzubereiten. Dann nach dem Mittagessen kam mir in den Sinn, dass meine Frau vor kurzem von einer Bekannten ein Buch geschenkt bekommen hatte, das auf den tieferen Sinn des Lebens hinweisen würde. Ich ging an unseren Bücherschrank und ich konnte es finden. Ich öffnete es und mir fiel ein Zettel entgegen, auf dem der Name der Bekannten meiner Frau stand und ein kleines Gedicht aufgeschrieben worden war.

Ich las das Gedicht:

Wer erklärt Dir den Sinn des Lebens?

Fragst du ernsthaft nach dem Sinn des Lebens?
Bei den verschiedenen Meinungen der Menschen, suchst du ihn vergebens.
Jeder gibt dir darauf seine eigene menschliche Erklärung ab
und diese ist so unterschiedlich, wie die Menschen selbst, mit ihrem täglichen auf und ab.

Willst du mehr, Genaueres, vielleicht die Wahrheit wissen,
du wirst den tieferen Wert bei den Aussagen der Menschen vermissen.

Den Sinn des Lebens findest du nur bei dem, der dich erschaffen, der
dir das Leben gab,
den findest du nur bei deinem Schöpfer, der Herr ist über Leben, Tod
und Grab.
    ... dieses Gedicht bedeutet mir viel. Deine Jenny

Ich erkannte für mich, dass ich mich mit der Schöpfung, dem
Schöpfer, unserem Herrn und Gott, mehr beschäftigen müsste.
Denn er ist der Herr über seine ganze Schöpfung, so auch über Leben
und Tod. Ich sah mir nun das Buch ein wenig genauer an und schon
der Titel des Buches "Buch Mormon - ein zweiter Zeuge für Jesus
Christus" verwunderte mich. Ich kannte nur die Bibel und wusste,
dass darin von Jesus Christus, dem Sohn Gottes, berichtet wird. Aber
das Buch Mormon? Wenn es meiner Frau und deren Bekannte viel
bedeutete, sollte ich es wohl auch lesen. Was ist schon dabei ein Buch
zu lesen. Mir gefiel das Buch, wenn auch nicht alles mir sofort
verständlich war.
Einiges erkannte ich erst später. Oft auch erst, wenn ich die
Empfehlungen, die Ratschläge befolgt hatte und ich dann an Hand der
Ergebnisse, den tieferen Sinn verstanden habe. Zum Beispiel steht in
diesem Buch, dass es nicht richtig ist, dass kleine Kinder getauft
werden (Moroni 8:4-23).
Denn sie haben noch nicht das notwenige Verständnis dafür, sie sind
nicht fähig Bündnisse zu schließen. Und doch werden kleine Kinder
getauft, das ist also nicht richtig, dachte ich bei mir. Ich suchte in der
Bibel und ... ich fand tatsächlich keine Stelle wo berichtet wird, dass
kleine Kinder getauft wurden, sie sind nur gesegnet worden.
Auch habe ich durch dieses Buch den Wert der Ehe besser schätzen
gelernt – dass die Ehe von Gott verordnet ist. Sie ist eine Verbindung,
die über den Tod hinaus Bestand hat (Matthäus 19:6). Die Ehe ist in
Ehren zu halten (Hebräer 13:4). Und augenblicklich wurde mir
bewusst, wie unsinnig der in der Kirche uns gegebener Hinweis "...
bis das der Tod euch scheidet" ist. Ja, was Gott zusammengefügt hat,
soll der Mensch nicht trennen. Die Heiligen Schriften sagen deutlich,
dass es ein ewiges Leben gibt.
Auch möchte ich nicht von meinem mir liebsten Menschen getrennt
sein. Wenn es ein ewiges Leben gibt, dann möchte ich mit ihm ewig
zusammen leben. Möchte ich denn nach dem Tod für immer getrennt

sein? – wie unsinnig, wo es doch auch, wie schon erwähnt, heißt "Was Gott zusammengefügt hat, soll der Mensch nicht trennen".
Über vieles dachte ich noch nach und mir wurde es immer wichtiger mit dieser Bekannten meiner Frau zu sprechen und mich mit ihr über dieses, für mich so wichtige Thema, zu beraten. Um auch auf viele weitere wichtige Fragen vielleicht eine Antwort zu bekommen.

Oft las ich das Gedicht und auch in dem Buch. Auch wandte ich mich an diese Frau und es folgten gute Gespräche. Gespräche über den Sinn des Lebens, den Wert der ewigen Ehe und der Tempelbündnisse.
Mehr über die Absichten unseres Himmlischen Vaters für seine Kinder zu erfahren, dies wurde mir wichtig.

In den Himmel, zum VATER UND ZU CHRISTUS ZURÜCK KOMMT NUR WER GETAUFT IST; Daher muss man hier auf der Erde getauft werden (siehe Joh. 3:5).

Die Taufe ist auf der Erde zu vollziehen, und diese ist auch für die Verstorbenen wichtig. 1 Korinther 15:29
Hätte ich diese vielen Hinweise und Aussagen doch schon früher gewusst, so hätte ich in vielen Digen mich anders verhalten und mein Lebensweg hätte einen anderen Verlauf genommen!

Gerhard Jobs
Braunschweig den 24.01.2023

Die Stimme der Schöpfung
(... ist eine göttliche Stimme)

Ein Sonnenaufgang zeigt dir die Zukunft und das Feuer des Lebens.
Der frisch gefallene Schnee zeigt dir die Reinheit, die Lauterkeit der Seele.
Das Klopfen des Spechtes zeigt dir den Rhythmus der Natur.
Eine Windbö, ein Sturm, ein Orkan, die machtvolle Stimme des Herrn.
Ein lauer Sommerwind, der Duft der Blumen, die Wärme der Sonne, zeigen uns Gottes Liebe.
Der Regenbogen zeigt die Bereitschaft des Herrn, mit uns Bündnisse zu schließen.

Ein Spinnennetz die Gefahr, von Bösem gefangen zu werden.

Das Zischen einer Schlange zeigt die Gefahr, die überall lauert, seien wir also gewarnt.

Die Farbenvielfalt der Blätter im Herbst zeigt dir die Vielfalt der Schöpfung.

. . . und mit vielen weiteren Hinweisen, zeigt uns der Herr mittels der Schöpfung seine Macht und Liebe.

Kein Mensch könnte so etwas Herrliches erschaffen!

Ist es nicht schön, durch Wald und Flur zu gehen? Die Kornblumen am Rande eines Weizenfeldes zu sehen?

Zu hören, wenn uns der Wind mit dem Rauschen der Bäume erfreut?

Wenn die Wellen des Meeres, die Gischt, ihre Schaumkronen, an den Strand werfen?

Oder wenn man auf Bergen gestanden und über die Weite der Landschaft geblickt und sich daran erfreut hat?

Vielleicht einen Freudenruf, einen Freudenschrei ausstößt und sich dann am darauf folgenden Echo erfreut?

Wer hat sich nicht an den schönen und so vielfältigen Vogelstimmen erfreut, die den Herrn, den Schöpfer aller Dinge, loben und preisen?

Auch für uns, seine Kinder hat er all dies entstehen lassen, und wie dankbar sind wir ihm dafür?

Zeigen wir durch unser Leben, dass wir all dies zu schätzen wissen?

Gerhard Jobs
Braunschweig den 07.11.2022

Lieben wir unseren Schöpfer?

Viel von Ihm und über Ihn erfahren wir in den Heiligen Schriften (die Bibel und dem Buch Mormon)

– und durch die Aussagen der heute lebenden Apostel und Propheten.

Gerhard Jobs
Freiberg den 07.11.2022

"Vergiß-mein-nicht" (1)

Sie ist nicht nur eine schöne Blume, sondern ein besonderer Herzenswunsch.

Wer wünscht sich nicht, nicht vergessen zu werden - besonders von Menschen, die einem viel bedeuten.

Von Menschen, die einem sehr wertvoll sind. Die Zuneigung, die man füreinander hegt, ist eine Herzensangelegenheit - und so hat es unser Herr und Heiland, Jesus Christus, auch gewollt. Es erfreut ihn, wenn Menschen sich mögen, sich lieben, einander zugetan sind.

Nein, vergessen kann ich dich nicht, denn es ist wirklich gut, dich zu kennen. Du gabst mir in meinem Leben viel Licht und gerne würde ich mich, auch öffentlich, zu Dir bekennen.

Hierzu ein Gedicht
(eine Annahme von einer dem Heiland nahestehenden Person)

Wie wertvoll ist es doch für mich, Dich zu kennen.
Deine Freundlichkeit, Deine Zuneigung zu genießen.
Zu Dir würde ich laufen, ja rennen,
um in deiner Nähe zu sein, um dich zu begrüßen.
Von Dir habe ich viel über den Sinn des Lebens erfahren,
Du hast mir Mut für mein Leben geschenkt.
Deine Kraft kann uns vor den Gefahren des Lebens
bewahren.
Du hast bei vielen ihren Lebensweg zum Guten gelenkt.

Deine Dich von Herzen schätzende und liebende

Maria aus Magdala

Gerhard Jobs
Freiberg den 17.11.2022

Eine Freudenbotschaft

Ich bin so glücklich und so froh,
ach, könnte es immer so nur bleiben,
Auch wünschte ich, es erginge dir doch ebenso.

Ja, das Leben ist doch wirklich schön,
ich könnte täglich Lieder der Freude singen
gern würde ich auch bei dir diese Freude sehn.

Die ganze Welt würde ich fest umarmen.
Laut jubelnd durch die Straßen ziehn.
Ich seh dich an und sehe dein Mitgefühl, dein Erbarmen.

Weißt du, warum ich so glücklich bin?
Weil ich den Sinn des Lebens hab erkannt,
Glaube mir, auch in dir steckt so viel Gutes drin.

Jeder neue Tag bringt mir Freude und macht mir Mut,
weil ich erkannt habe, dass ich ein Kind Gottes bin.
Ich bin mir sicher, bald lächelst du und fühlst dich gut.

… denn die Botschaft der Liebe,
        ausgesandt von unserem Herrn,
dringt in jedes Herz und verändert unser Leben.

Gerhard Jobs
Freiberg den 12.01.2023

Der Wert der Gefühle

Ist es nicht weise von unserem Himmlischen Vater eingerichtet
worden, Gefühle zu haben? Was wäre ein Verliebtsein ohne Gefühle?
Leid ertragen, ohne die erlösenden Tränen? Selbst der Schmerz ist
eine Warnung vor weiteren Gefahren, wie: "Das darfst du aber
niemals wieder tun". Ja, alles ist von unserem Schöpfer so weise
vorgesehen worden – lasst uns dankbar sein. Auch veranlassen sie
uns, die Nähe unseres Schöpfers zu suchen.

Gerhard Jobs
Braunschweig den 09.10.2022

Welches sind deine Ziele? Was ist gut für dich?
(Auch für das neue Jahr 2023 und weitere Jahre)

Freude macht dir, was dir gefällt, was du gern hast, was dir wertvoll ist, was dich deinen angestrebten Zielen näher bringt. Daher ist Freude eine persönliche Sache. Zum Beispiel ein Räuber erfreut sich, wenn er viel Beute gemacht hat. Ein Arzt, wenn er Menschen geholfen hat, gesund zu werden. Was den einen erfreut, muss nicht einen anderen erfreuen. Denn die Absichten und Ziele der Menschen sind zu unterschiedlich. Was sind denn gute Absichten und Ziele, die wir anstreben sollen? Wer kann es sagen?
Ich kenne jemanden, der uns da gut beraten kann. Und wer wird das wohl sein?
Bedenke, die Ziele, die du anstrebst, bestimmen den Weg deines Lebens, den Weg, den du entlanggehst - und wohin führt er dich? Und das hat in jedem Fall große Folgen, auch für Dich.
Wer hat nun die besten Empfehlungen, die besten Ziele für Dich? Den besten Lebensweg? Die Menschen mit ihren unterschiedlichen Empfindungen und Neigungen eher nicht. Es ist der, der uns erschaffen hat. Er ist es, der dir den besten Weg zeigen kann. Seien wir dankbar, dass unser Schöpfer, unser Herr und Gott uns wissen lässt, was recht ist. Durch die heiligen Schriften, die Worte der lebenden Apostel und Propheten erfahren wir den Willen des Herrn und somit, was vor ihm recht ist. Wenn wir diesen Rat dann befolgen, erfreuen wir uns dieser guten und wertvollen Dinge und seiner Hilfe. Wir haben dann gute und gerechte Absichten und Ziele und führen ein gutes Leben. Und unsere Zukunft wird uns viel Freude bringen.

Gerhard Jobs
Freiberg den 26.11.2022

Verwandtschaft
(Wie nahe ist man (sind wir) einander?)

Verwandtschaft kann Belastung und Erbauung für euch sein, je nachdem wie viel Gemeinsamkeit ihr habt. Denn jeder hat ja sein eigenes Leben und nicht immer passt daher sein eigenes persönliches Weltbild mit dem der anderen Verwandten überein und schon ist das „Sich-nicht-mögen", vielleicht sogar Streit vorprogrammiert. Wenn es aber passt, kann man viel Gutes und Erbauendes miteinander erleben.

Wenn jeder seinen Beitrag für ein angenehmes und gutes Miteinander einbringt, ist Verwandtschaft haben etwas wirklich Gutes.

Gerhard Jobs
Braunschweig den 11.10.2022

Erkennen wir den Wert unserer Mitmenschen?

Hast Du Liebe für Deine Mitmenschen? Sind sie Dir wertvoll? Was tun sie nicht alles für Dich?
Den Anzug, den Du trägst, das Brot, das Du isst, das Auto, das Du fährst, das Haus in dem Du wohnst, das Handy, das Du benutzt, das Buch, das Du liest und, und, und ist mehrheitlich von fremden Menschen geschaffen worden. All dieses ist ein großer Segen. Sei dankbar, dass Du Mitmenschen hast. Wie weise und liebevoll ist doch unser Herr und Gott. Wie umsichtig und vorausschauend hat er alles geplant und erschaffen. Er hat uns einen Teil dessen, was uns erfreut und was wir auch brauchen, durch unsere Mitmenschen zur Verfügung gestellt. Sind wir unserem Schöpfer auch dafür dankbar?

Gerhard Jobs
Freiberg den 27.11.2022

Jesus Christus
(. . . kennst Du ihn?)

Hast Du die Nähe des Heilands schon einmal gespürt?
Bist Du Dir eigentlich sicher, dass es ihn wirklich gibt?
Hast Du schon bemerkt, dass er auch Dich täglich führt?
Weißt Du persönlich, dass er Dich wirklich von Herzen liebt?
Dass man dank ihm, seine Angst, seine Unsicherheit schneller verliert?
Wenn Du die Nähe, die Führung, seinen Schutz und besonders die Liebe des Heilands gespürt hast, dann kannst Du Dich glücklich schätzen.

Denn es motiviert Dich zum Guten. Und Du hast eine großartige Zukunft vor Dir.

Wenn Du Dir noch nicht sicher bist, ob er da ist, er in Deiner Nähe ist – er Dich liebt,

so frage ihn im Gebet,
    lies in den Heiligen Schriften,
        lebe nach seinen Empfehlungen,
            wende dann Glauben an und vertraue ihm.

Dann wirst Du deutlich im Herzen fühlen, ja wissen, dass es ihn wirklich gibt.
Dieses wäre dann für Dich der Anfang zu einem neuen, einem besseren Leben.
Wenn Du Dich nicht um diese Erkenntnis bemühst, der Heiland Dir egal ist, wirst Du erkennen müssen, was Dir entgangen ist, was Du verloren hast.
Denn Wahrheit ist unverrückbar und sie nicht erkannt zu haben, hat Folgen.
Um Unangenehmes, ja Elend Dir zu ersparen, ist der beste Rat für Dich, – bemühe Dich, den Heiland zu erkennen und gemäß seiner Lehre zu leben.

    Gerhard Jobs
    Freiberg den 30.11.2022

Wann lernen wir unsere Lektionen?

Wie gut, wie angenehm es uns Menschen auf der Erde ergeht, das bestimmen wir meistens selbst.
Muss es Streit, Hass und Zorn geben? Vorteilsdenken, Neid, Lügen und Stehlen braucht es nicht, sollte es auch nicht geben. Man kann doch Egoismus und Selbstsucht ablegen. Selbst hungern müssten die Menschen nicht - die Erde, sie bringt genug hervor. Auch Kriege sollte es nicht geben, wenn wir friedlich sind und Nächstenliebe haben. Wann lernen die Menschen endlich unsere Lektion, die ER uns gegeben hat?!

Durch Selbstdiziplin, durch ein Sich-überwinden und durch das Begreifen, das wir einander brauchen, können wir die Bereitschaft erlangen, mit unseren Mitmenschen zusammenarbeiten zu wollen. Nur in einer gut funktionierenden Gemeinschaft sind wir stark und können die meisten Herausforderungen, die das Leben uns stellt, meistern.

Weil unser Schöpfer uns liebt und weiß, was wir brauchen, hat er uns die "Zehn Gebote" und das Gesetz der Nächstenliebe gegeben. Leben wir doch einfach danach, und wir werden uns wundern und staunen, was dann in der Welt geschieht.

Gerhard Jobs
Freiberg den 07.12.2022

Neues

Endlich etwas Neues, nicht nur immer das Alltägliche, ich bin schon richtig gespannt. Doch was wird es bringen? Neues weckt bei mir gewisse Erwartungen und viele Hoffnungen. Alles Neue birgt auch sehr oft Risiken in sich, denn du hast damit noch keine Erfahrung gemacht. Dem ersten Anschein nach sollte es viel Gutes bringen und dann folgen Gedanken wie: „Was lässt mich da so sicher sein?" Dann wieder: „Habe Mut, wir werden es sehen, die Zeit wird es zeigen." Wenn noch keine Erfahrungswerte vorliegen, ist es wie ein Überraschungspaket, es kann alles oder nichts für dich sein.

Freuen wir uns doch, dass es Neues gibt, trotz aller Risiken, die damit verbunden sein können. Sollte alles stillstehen? Unverändert bleiben? Haben wir den Mut für Neues. Die damit verbundenen Herausforderungen, die uns vielleicht Anpassung, ein gewisses Umdenken abverlangen, können eine gute Schulung für uns sein.

--auch gibt es keinen Fortschritt, wenn es nichts Neues gibt.

Gerhard Jobs
Braunschweig den 10.01.2023

Den Dienern Gottes kannst Du glauben und ihnen vertrauen
(Den Missionaren der Kirche Jesu Christi der Heiligen der Letzten Tage)

Freude hat mein Herz ergriffen,
selten war ich so beglückt.
Ich habe dann ganz schnell begriffen,
dass der Herr mir seine Boten hat geschickt.

Sie waren es, die mir das Buch Mormon gaben
und beim Lesen darin wurde mir deutlich klar,
ich habe etwas erhalten, um mich daran zu laben
und nach und nach erkannte ich: "Es ist wahr!"

Danke Herr, für deine Boten, deine treuen Diener,
sie haben große Freude mir gebracht.
Ich lese in diesem Buch immer und immer wieder,
das hat meine Sinne geschärft, mich wach gemacht.

Ich habe jetzt ein neues, ein ganz anderes Hoffen,
auch erkannte ich, und mir wurde deutlich klar,
ich habe mich für Gott entschieden, eine gute Wahl getroffen,
mein Denken, mein Fühlen, sagt mir: "diese Botschaft sie ist wahr."
Nun war ich bereit und sehr froh, mich taufen zu lassen.
Auch durfte ich mit dem Herrn weitere Bündnisse schließen
und durch die Lehre Gottes, sein Evangelium, viel tiefer erfassen,
Freude und neue Erkenntnis konnten jetzt in mein Inneres fließen.

Ich kann bezeugen und jedem von ganzem Herzen nun raten,
den Dienern des Herrn zu glauben und ihnen fest zu vertrauen.
Man selbst fühlt die eigene Veränderung und den Mut zu guten Taten,
man beginnt ein neues Leben, sich eine großartige Zukunft
aufzubauen   - eine Zukunft bei Gott unserem Herrn.

Gerhard Jobs
Freiberg den 10.01.2023

Sei vom Heiligen Geist geführt

Wann hast du zuletzt die Führung, die Kraft des Heiligen Geistes
gespürt?
Wann die Freundlichkeit von einem deiner lieben Mitmenschen
gespürt?
Wann die Zuneigung deiner Nächsten erlebt und besonders bemerkt?
Wenn etwas Besonderes in deinem Leben geschieht,
du dich freust, glücklich bist, jeder Kummer von dir flieht,
dann gab es jemanden, der dich liebt, da er vom Heiligen Geist
geführt.
Da sind dann Stunden, vielleicht Tage oder sogar Jahre, die dich
erfreuen, und du bist so froh auf der Erde zu sein, keinen Tag
brauchst du zu bereuen.
Erkenne dann, dass es auch für dich gut ist sich vom Heiligen Geist
leiten zu lassen.
- ja, der Umgang, den wir mit anderen Menschen pflegen, gelingt uns
am besten, wenn wir uns vom Heiligen Geist leiten lassen.

Gerhard Jobs
Freiberg den 13.01.2023

Die Kraft der Natur

Wie schön ist es, durch die herrliche Natur zu schreiten,
sich an der Vielfalt der Schöpfung zu erfreuen.
Alles Schöne, was du dort findest, wird dir Freude bereiten,
So einen Spaziergang, den wirst du wirklich nicht bereuen.

Einfach einmal nur für eine Weile kurz in sich zu gehen
und wie herrlich ist es, die Ruhe, die Stille zu genießen.
Du meinst, dein Herz bliebe in deiner Brust einfach stehen.
So froh bist du, und du genießt es, die Augen zu schließen
– bewusst wurde sie für uns erschaffen!

Gerhard Jobs
Freiberg den 11.01.2023

Eltern!

(...wann erkennt man den Wert seiner Eltern?)

Und schon wieder soll ich mein Zimmer aufräumen!
Den Klavierunterricht soll ich auf keinen Fall versäumen,
Mach endlich deine Schularbeiten, höre auf zu träumen.
...so etwas höre ich jeden Tag!

Du könntest wieder einmal deine Schuhe putzen,
auch die Zahnpasta könntest du ruhig öfter mal benutzen.
Auch gut wäre es, du ließest dir die langen Haare wieder stutzen.
...nehmen diese Anweisungen nie ein Ende?

Jahre später: Ich bin ein Arzt geworden. Im Leben kam ich gut voran.
Woher kam das wohl? Alles kam von mir allein? Ohne Anleitung?
Ich bin glücklich verheiratet und habe Kinder
                              - und wie gehe ich wohl mit meinen Kinder um?
Liebe ist oft auch schmerzhaft und auch mit deutlichen Worten
verbunden.
Manchmal dauert es, bis wir erkennen, was wirklich Liebe ist.
Auch konnte ich mich jetzt mit einem anderen Verständnis
an die schönen Zeiten erinnern wie:
Geburtstage, Urlaub, Weihnachten, schöne Zeiten mit Vater und
Mutter.
Diese nimmt man in jungen Jahren zu sehr als selbstverständlich hin.

Heute sage ich: "Danke Vater und Mutter."

Gerhard Jobs
Freiberg den 13.01.2023

Warum?

(– es ist eines der wichtigsten Worte)

Warum tust du das?   – Tust du es nicht?
Warum denkst du so?   – Denkst du anders darüber?
Warum hilfst du ihm?   – ihm nicht?
Warum sprichst du so anklagend, verachtend, respektlos?
   – so anerkennend, freundlich, liebevoll? ...und, und, und.

Die Antworten auf dein "Warum" ist ein Spiegelbild deines
Denkens, Fühlens, Handelns – deines Charakters.

Dein Charakter bestimmt letztlich auch deine Zukunft.

Gerhard Jobs
Freiberg den 17.01.2023

Mein Erdenleben

Warum bin ich hier auf dieser Erde?
haben meine Eltern mich überhaupt gewollt?
Mit der Hoffnung, dass aus mir etwas Gutes werde?

Nun bin ich hier, und muss mein Leben leben.
Nicht alles ist hier einfach und auch schön.
Doch ich will mich bemühen und mein Bestes geben.
Dass vieles kein Zufall war, das habe ich erkannt.
So oft habe ich die lenkende Hand des Herrn gespürt.
Und mir wurde klar, dass er mich bewusst zur Erde hat gesandt.

Viele, viele Jahre sind nun schon vergangen,
und meistens hat der Herr mich liebevoll geführt.
Ich war erfolgreich, vieles durfte ich erlangen.

Blicke ich nun zurück auf mein recht langes Leben,
so kann ich von ganzen Herzen wirklich dankbar sein.
Viel Gutes und Erbauendes hat es dort für mich gegeben.

– danke Herr!

Und wie sieht es mit deinem Leben aus?
Hast auch du die Hand des Herrn verspürt?
Bist du dankbar für dein Erdenleben?

Gerhard Jobs
Freiberg den 02.02.2023

Grenzen!
(überall stößt man an Grenzen)

Grenzen teilen Gebiete voneinander ab. Grenzen trennen Eigentum voneinander usw.
Oft werden Grenzen mit „bis hier und nicht weiter" in Verbindung gebracht. Als Schutz oder als Einschränkung empfunden.
Bis hierher und nicht weiter (Empfindung positiv):

a) Eine Grenze signalisiert, dass ab hier dein persönlicher Bereich beginnt zu deiner persönlichen Entfaltung.
b) Eine gesetzte Grenze hilft dir, dich nicht zu überfordern (körperlich wie auch emotional und geistig)

Bis hierher und nicht weiter (Empfindung negativ):

a) Gerne würde ich zum Gipfel des Berges aufsteigen, aber es ist leider verboten.
b) Ich habe es eilig, und doch darf ich nur 30 kmh, 50 kmh, oder, oder fahren.

Was wäre ein Leben ohne Grenzen? Wäre dann unsere Freude grenzenlos? Keine Barriere, endlich Freiheit, wir könnten unbehelligt in jedes Land reisen. Jedes Grundstück, jeden Landstrich betreten. Jede Handlung tätigen. Endlich einmal machen, was wir wollen. Ist das gut für uns? Im Sinn der Nächstenliebe?

Sie fühlen schon, irgendwie ist tiefer darüber nachzudenken, sind mehrere Blickwinkel zu beachten.
Wann sind Grenzen sinnlos oder sinnvoll? Wer kann Grenzen sinnvoll setzen?

Es wird nie und nirgendwo ein Leben ohne Grenzen geben. Schon die Nächstenliebe und auch die Freiheit weiterer Menschen lässt sich nur mit Grenzen verwirklichen.
Grenzen tun uns dann am meisten weh, wenn wir nicht wissen, warum man sie akzeptieren sollte.

Trachten wir danach zu verstehen, dass Grenzen gebraucht werden und was sie bewirken.

Grenzen sind nicht so schmerzhaft, wenn man sich die Grenzen selber setzt. Wenn man sie sich aus Liebe zu unseren Mitmenschen abverlangt. Wenn man Gott als seinen Herrn erkannt hat.

Selbst Gott setzt uns Grenzen – weil er einen weiteren Blickwinkel hat, er sich für uns Entwicklung zum Guten wünscht. Er weiß, was wir in der Zukunft benötigen. Er liebt uns.

Grenzen beeinflussen das eigene Verhalten, schulen den Charakter. Sie können unser Leben, wie auch unser ewiges Leben beeinflussen. Vertrauen wir ihm und nehmen wir seine uns gegebenen Grenzen als Vorteil und Segen für uns an. Auch der Herr hält sich an die von ihm festgelegten Gesetze.

Gerhard Jobs
Braunschweig den 05.02.2023

Jeder Atemzug ist ein Geschenk!

Die Natur, mit ihren Pflanzen und der Tierwelt ist doch einzigartig. Und der Mensch als „Krone der Schöpfung" ist hier auf der Erde, um sich an ihr zu erfreuen.

Ist das Weltall nicht gewaltig? Die Sonne, der Mond und die Sterne, sind doch wirklich faszinierend.

Seien wir doch dankbar für ein Leben auf diesem schönen Planeten. Wenn wir unsere Mitmenschen achten in dieser unruhigen und oft auch so lieblosen Zeit, gibt es ein besseres Miteinander auf dieser Erde.   - ist dann nicht jeder Atemzug für uns ein Geschenk?

Erkennen wir die Liebe, die Gott für uns hat? Lasst uns durch unser Verhalten, unser Denken und Tun, dem Herrn zeigen, dass wir ihm dankbar sind.

Auch in uns ist viel Göttliches, wir müssen es nur erwecken und dann auch tun. Sind wir nicht seine Kinder, von Gott erschaffen, ihm wertvoll? Ist nicht die Schöpfung uns zur Freude und zum Überleben von Gott gegeben worden? Lasst auch uns das Leben anderer schonen und liebevoll zu ihnen sein. Wo Gutes ist, hat Böses keinen Platz. Tun wir viel Gutes, denn das, was wir aussenden kommt ja bekanntlich (wie es auch in den Heiligen Schriften steht) wieder ins eigene Herz zurück. Dies ist auch der Weg, wie wir wieder zu unserem Herrn und Schöpfer, zu ihm zurück in sein Reich kommen können.

Ja, ist nicht wirklich jeder Atemzug für uns ein Geschenk?

Gerhard Jobs
Braunschweig den 19.02.2022

Größe?!
(... wie groß bist du wirklich?)

Welche Größe, welchen Wert du wirklich hast, dies wird nicht in cm oder in mm gemessen. Deinen Wert, dein Ansehen, die Wahrnehmung, die man von dir hat, beruht auf deinem Verhalten, deiner Persönlichkeit, deinem Charakter – dies aber nur, aufgrund der Subjektivität des Betrachters.

Du wirst also unterschiedlich wahrgenommen. Dann ist es doch auch egal, wie ich mich verhalte, ich muss mich nur in den Kreisen bewegen, zu denen ich passe – denen ich wertvoll bin.

Doch da gibt es noch mehr, eine weitere wichtige Betrachtung – nämlich die von einem, der viel größer ist als wir, nur er kennt unseren wirklichen Wert!

Du kannst fast in allem was du tust oder denkst, bei anderen Menschen der „Größte", ein „Held" sein.

Ja, bist du ein unehrlicher Mensch, der andere übervorteilt, gar ein Räuber, so kannst du in solchen Kreisen ein Held sein.

Oder bist du jemand, der nur in allem eine Gefahr sieht, ein Verschwörungstheoretiker, so kannst du in solchen Kreisen ein Held sein.

Bist du ein Glaubensfanatiker, der vielleicht keine andere Meinung gelten lässt, so kannst du in solchen Kreisen ein Held sein.

Bist du ein, bist du ein, bist du ein .... so kannst du in solchen Kreisen ein Held sein.
Wo finde ich nun, was oder wie es sich wirklich lohnt zu sein? Menschen haben unzählige Meinungen und Verhaltensweisen. Bei den Menschen werde ich keine endgültige richtige Verhaltensform finden. Ein wenig hilft es schon, sich zu fragen oder durch Beobachtung zu sehen, wohin dieses oder jenes führt.
Gibt es denn jemanden, der mehr weiß als wir Menschen? Dem es sich lohnt zu folgen? Es gibt einen – ihn, unseren Schöpfer. Schauen wir uns einmal an, was dieser uns rät und fragen wir uns wohin führt sein Rat? Zu einem guten Miteinander, Freundschaft, zu Frieden? Prüfen Sie doch einmal daraufhin u.a. die Zehn Gebote und Teile der Bergpredigt.

Ich habe es getan und bin für den göttlichen Rat dankbar. Dankbar für die „Heilige Schriften" und froh, dass es wieder neuzeitliche Offenbarung und Propheten gibt.
Dies hat sich für mich als segensreich herausgestellt und mich vor Schaden und Kummer bewahrt.

> Gerhard Jobs
> Braunschweig den 05.05.2022

Nur ein kleiner Reim oder doch mehr?

Hast du heute schon gelacht?
Vielleicht schon einen Scherz gemacht?
Über dein Leben nachgedacht?

Das Leben ist doch gar nicht so trist,
oder hast du wirklich alles so vermisst?
Vielleicht hat ja schon die „Muse" dich geküsst

– Wenn nicht, musst du ernsthaft über dein Leben nachdenken.

> Gerhard Jobs
> Braunschweig den 18.11.2022

Vergiss mein nicht (2)

Bei etlichen Gelegenheiten wird einem gesagt: Vergiss mein nicht! So ist es auch oft mit uns:

Wenn man für längere Zeit sich trennen muss, wenn man vor einer großen Entscheidung steht, wenn du über das Schicksal anderer entscheiden musst, wenn jemand beauftragt ist, Mitarbeiter auszusuchen.

Ja, es gibt Situationen, in denen man sich wünscht, dass man nicht vergessen wird: Wenn man vor großen Entscheidungen steht, hofft man, dass jemand dann an einen denkt.

Wenn jemand beauftragt ist, gute Mitarbeiter für ein Projekt auszusuchen, dass man auch dabei an dich denkt.

Wenn jemand entscheiden darf, wer die Zulage erhalten kann, hofft man auch mit bedacht zu werden.

Wenn man sich für längere Zeit trennen muss, wünscht man sich auch, nicht vergessen zu werden.

Jeder hofft doch irgendwie, mit dabei zu sein, nicht in Vergessenheit zu geraten.

Niemand möchte unbeachtet sein. Man möchte doch auch dazugehören, einen gewissen Platz in der Gesellschaft einnehmen. Was wird nicht alles getan, um beachtet zu werden. Es gibt Menschen, die richten ihr ganzes Handeln, Tun und Denken danach aus. Zielt nicht ein Teil der Werbung auf diese unsere Eigenschaft (Neigung) ab, beachtet zu werden?

Wer kennt unseren wirklichen Wert, nicht den vorübergehenden Glanz der Eitelkeit.

Das ist der, der unsere Absicht, der unser Herz kennt. Leben wir doch so, dass wir Eigenschaften erwerben, die einen ewigen Wert haben. Eigenschaften wie: Treue, Ehrlichkeit, Nächstenliebe, zuverlässig sein, hilfsbereit sein und Gottvertrauen haben.

Doch eins sei uns versichert: einen gibt es, der vergisst uns nicht, er beachtet uns, er liebt uns … das ist unser Herr und Heiland.

Gerhard Jobs
Braunschweig den 17.11.2022

Wollen wir nicht alle gut sein?

Gutes tun kann nur der, der weiß, was gut und richtig ist und es dann tut. Wer sagt dir aber was gut ist?

Darum musst du zuerst herausfinden, was ist denn gut und richtig und wie man es selbst beispielhaft lebt. Schnell bemerkst du, dass die Menschen mit ihren unterschiedlichen Ansichten und Handlungsweisen es nicht sein können. Denn wer ist absolut gerecht, nur auf das Wohl aller Menschen bedacht und gut zu der ganzen Schöpfung? Wer ist denn überhaupt in der Lage zu sagen, was gut ist? Außerdem empfinden wir doch alle unterschiedlich. Was der eine als gut empfindet, das muss der Nächste nicht als gut empfinden. Hat also jeder sein eigenes „Gut"? Menschen können gar nicht sicher festlegen, was gut ist. Zu unterschiedlich sind die Ansichten und Empfindungen. Schon ist eventuell Streit und noch Schlimmeres vorprogrammiert.

Ist also ein kleines „gut", ein wenig „gut" ein Kompromiss vieler Meinungen?

Wer hat so viel Weisheit, Umsicht, Fähigkeiten zu wissen was wirklich „gut" ist – tatsächlich wirklich „gut" ist? Gut für jeden, gut also für alle?

Dies kann nur Gott. Der so viel weiser ist als wir und weiß, was in jedem Fall gut für uns ist. Er hat den notwendigen Abstand und er kennt uns und unser aller Zukunft. Außerdem sind wir ja auch seine Kinder.

Willst du Gutes tun, tun was wirklich gut ist, suche Gott und wende dich an Ihn. Er wird uns wissen lassen, was gut ist und dies in jeder Situation. Denn er hat die dafür benötigte Größe und Fähigkeit.

Ihn zu finden, ist gar nicht so schwer, denn er selbst sucht unsere Nähe, weil er uns liebt. Auch hat er uns von sich und seinem Handeln etliche Berichte gegeben. Außerdem hat er Propheten, ihm besonders nahestehende Menschen, berufen, uns zu helfen, ihn zu finden. Diese geben uns seinen Willen für die gegenwärtige Zeit kund. Mittels des persönlichen Gebets können wir uns dieses alles bestätigen lassen, sodass wir wirklich wissen, was für uns Menschen, für die Schöpfung gut ist.

Gerhard Jobs
Braunschweig den 18.05.2022

Wärme

Wer Wärme ausstrahlt – besonders Herzenswärme in dieser „kalten Welt", kann mehr bewirken als ein Kamin, eine Heizung, denn diese, die Herzenswärme, erwärmt das Innere eines Menschen. Sie gibt ihm Lebensfreude und Lebensmut.

Das ist es, was unser Herr, unser Schöpfer, sich von uns wünscht. Herzenswärme, sie kann die Welt verändern - wohl dem, bei dem sie gefunden wird.

Gerhard Jobs
Braunschweig den 19.01.2023

Das alltägliche Leben lässt uns oft einsam sein

Alltag, die ständige, tägliche Routine soll erst einmal bewältig werden. Das ewige Einerlei, bringt uns wenig Abwechslung und wirkt ermüdend. Wie erfreulich ist es dann, wenn ein Besuch eines lieben Bekannten erfolgt. Wenn uns jemand etwas Zuwendung schenkt. Wir die Herzenswärme eines uns wertvollen Menschen erleben. Dann ist etwas Besonderes da, und wir blühen buchstäblich auf. Ja, wir brauchen einander, unsere Freunde, die Familie, unsere Mitmenschen, das Miteinander. Haben wir in Zeiten des Alleinseins, der Isolation, nicht schon genug Einsamkeit gespürt? Der Mensch ist nicht für das Alleinsein geschaffen. Wir leben besser miteinander und haben mehr voneinander, wenn wir unser Leben nach den Empfehlungen unseres Schöpfers leben. Getragen von der Nächstenliebe, vom Verständnis füreinander.

Was für eine Welt wäre das dann: Kein Streit, Neid, kein Beneiden, keine schlechten Worte gegeneinander, kein Einander-verletzen, kein Stehlen, kein Krieg –viele Berufszweige und Institutionen bräuchten wir dann nicht. Diese könnte man für weitere gute Zwecke einsetzen.

. . . . fangen wir doch einfach selbst damit an! Warten wir nicht, bis der andere den ersten Schritt tut.

Gerhard Jobs
Braunschweig den 19.01.2023

Vertrauen
(Ihm kannst du vertrauen)

Du kannst mir vertrauen,
auf mich kannst du bauen
auch werde ich stets nach dir schauen.

Bei mir bist du sicher, fühle dich geborgen
und dies jeden Tag, ob am Abend oder am Morgen.
Darum habe keine Angst, lege auf mich deine Sorgen.

– ich erkannte, dass dieser Schutz von unserem Erretter,
also von deinem, von meinem Erretter, von unser aller Heiland kam.

Ist es nicht gut, so geschützt, so sicher zu sein?
Der auf alles achtet, sei es auch noch so winzig, so klein,
du kannst getrost deines Weges gehen, denn du bist niemals allein.

Ich fand innere Sicherheit und hatte gelernt, Ihm zu vertrauen, ich hörte Ihm zu.
Habe mich Ihm zugewandt, mich mit Ihm oft beraten und fand somit innere Ruh.
Sei klug, vertrau Ihm, unserem Erretter, so fand ich Ihn. Bitte glaube Ihm, vertraue auch du.

– dann wirst auch du Ihn erkennen und vieles wird sich in deinem Leben verändern.

Gerhard Jobs
Braunschweig den 11.02.2023

Die Monate April, Dezember
(was für besondere Monate?!)

Diese Monate sind zwei besonderen Monate in jedem Jahr. Diese beiden Monate veranlassen uns innezuhalten, unser Leben erneut auszurichten und über es nachzudenken. Was können wir Gutes tun? Ja diese Monate (diese beiden Feste) dienen dazu, unserem Leben einen tieferen Sinn zu geben, ein anderes Verhältnis zu unserem Erlöser und zu unseren Mitmenschen zu finden. Einander zu erfreuen, einander mit Liebe zu begegnen. Wie gut tut es doch auch uns, wenn wir fühlen, dass wir für andere Menschen wertvoll sind. Sie uns Freundlichkeit und Liebe entgegenbringen, besonders zur Oster- und Weihnachtszeit – vielleicht sogar an 12 Monaten im Jahr.

Die Nächstenliebe ist tatsächlich der Schlüssel für die Tür zum himmlischen Reich.

Der April und der Dezember sind zwei Monate, die schon seit Jahrhunderten eine besondere Rolle spielen, denn sie sind sehr stark mit dem Leben unseres Heilandes Jesus Christus ausgefüllt. Mit ihm, unserem Erlöser, der für uns gelitten hat, der unsere Fehler wieder bereinigt, der für unsere Sünden und Fehler bezahlt hat.. Und wie dankbar sind wir ihm dafür?

Wer kann den gemachten Schaden, den man vielleicht einem Anderen angetan hat, wieder gutmachen? Wenn es zum Beispiel etwas Großes ist, wir vielleicht durch Fahrlässigkeit, bei einem Autounfall, jemandem das Leben genommen haben. Wir jemanden zu einer Sucht verleitet haben und er nun rauschgiftsüchtig ist. Auch eine gutgemeinte Entschuldigung reicht da nicht aus, obwohl sie richtig und notwendig ist. Wir können den angerichteten Schaden nicht reparieren. Das bedarf einer größeren Macht.

Nur er, der Herr, kann dank des Sühnopfers seines Sohnes, egal was wir auch tun, alles wieder in Ordnung bringen – wir können bei vielen von uns angerichteten Schäden, diese Schäden nicht beseitigen. Erkennen wir unsere Abhängigkeit von der Macht unseres Erlösers? Sind wir ihm dankbar?

Gerhard Jobs
Braunschweig den 09.03.2023

Der Sinn des Lebens

Welchen Zweck hat das Leben auf dieser Erde?
Warum ist man denn nun eigentlich hier?
So viele Menschen? Größer als die größte Herde.

Und wohin soll uns dieses alles letztlich führen?
Erfahrung sollst du sammeln, und viel soll aus dir werden.
Stark sollst du sein, siegreich, niemals sollst du verlieren.

Du sollst deine Möglichkeiten sehen, deinen Wert erkennen.
Die Kraft deines Schöpfers sehen und seinen Rat annehmen.
Seine Größe begreifen, dich und freudig zu ihm bekennen.

Du kannst jetzt seine Liebe verstehen, sein Vertrauen genießen.
Auch kannst du besser seine Macht und Vollkommenheit verstehen.
Und du darfst auch mit ihm wertvolle, ewige Bündnisse schließen.

Jetzt kennst du ihn, den tieferen Sinn des Lebens!
Auch hast du erkannt, dass du eines seiner geliebten Kinder bist.

Gerhard Jobs
Freiberg den 16.02,2023

Ein kleiner Jahresablauf

Ich blicke nach oben, direkt in die Sonne,
sie blendet mich, und ich schließe die Augen.
- doch die Wärme genieße ich, welche Wonne.

Es ist stürmisch, der Wind rauscht in den Bäumen,
mir ist kalt, und ich schließe meine Jacke.
- ich fühle die Kraft der Natur und fange an zu träumen.

Mein Weg führt mich durch Feld und Wiesen,
ich sehe und rieche den Werdegang der Natur.
- alles beginnt sich zu entwickeln, zur Sonne zu sprießen.
Die Weizenfelder tragen schon ihr Ährengold,
die Obstbäume, die Feldfrüchte versprechen eine gute Ernte.

- so hat unser Schöpfer es vorgesehen, so hat er es gewollt.

Nun wird es schon kälter, Nebelschwaden bedecken das Land, langsam kündigt sich das Ende des Sommers an.
- wird uns damit schon ein Hinweis des nahenden Winter gesandt?

Das besonders von den Kindern ersehnte Weihnachtsfest ist endlich da, gibt es auch genügend Geschenke, von Herzen kommende Liebesgaben?
- das neue Jahr, ein weiterer Neubeginn ist jetzt schon greifbar nah,
- wie hast Du das letzte Jahr erlebt? Hat es Dir Entwicklung gebracht? Hast Du das Walten Deines Schöpfers hinter allem erkannt? Wo stehst Du? Im Frühling, im Sommer, im Herbst, im Winter Deines Lebens?
Denke ein wenig nach über Dein Leben, glätte es, verschönere es, mache dich zum Treffen mit Deinem Schöpfer bereit. Jeder darf dann berichten.

Gerhard Jobs

Freiberg den 10.02.2023

Gibt es einen Weg zurück?

Es gibt Situationen, da glaubt man es gibt keinen Weg mehr zurück. Ist das wirklich so? Man könnte doch denselben Weg wieder zurückgehen und dann von dem Ausgangspunkt neu starten. Bei einem Spaziergang könnte es so sein, doch auf dem Weg des Lebens, wo man vielleicht Menschen verletzt hat oder Schaden verursacht hat, da ist es nicht so einfach. Ja, es gibt sogar Situationen, Dinge, die man nicht mehr reparieren kann. Da sind wir, obwohl wir alles getan haben, was wir konnten, um den entstandenen Schaden wiedergutzumachen, auf die Gnade, das Verzeihen der geschädigten Person angewiesen. Darum hat der Herr uns das Gebot der Nächstenliebe gegeben.
Da auch wir zu den Geschädigten gehören können, sehen wir wie wichtig Vergeben und Verzeihen ist. Und das ist sicherlich nicht leicht. Hier kommt das göttliche Prinzip der Nächstenliebe zum Tragen. Es ist wie fast immer im Leben, ein Geben und Nehmen. Niemand kann sagen, das kann mir nicht passieren. Vielleicht nicht

genau dasselbe, aber irgendwie sind wir immer in der Schuld des anderen.

Nachdem wir alles getan haben, was wir können, sind wir auf die Gnade des Geschädigten angewiesen.

In einigen Fällen, bei Uneinsichtigkeit des Verursachers, muss ein Gericht die Sache klären. Doch muss ich dann einen Schlussstrich unter die Sache setzen, sonst bleibt eine innere Verletzung zurück, und ich schade mir nur selbst. Auch unser Erlöser hat für uns, für unsere Fehler sein Leben hingegeben.

Gerhard Jobs
Braunschweig den 07.12.2022

Es gibt starke Stürme

Oft genug zeigt uns die Natur, wie kraftvoll sie ist und die Folgen sind gewaltig - wenig kann man dagegen tun.

Aber auch die Stürme in unserem Leben können uns erheblich treffen. Doch dagegen kann man etwas tun. Es lohnt sich guten Rat zu holen – und wer kann uns den besten Rat geben?! Der, der über allem steht.

Gerhard Jobs
Braunschweig den 06.10.2023

Hände

(was Hände so alles können, symbolisieren und bewirken)

. . . alte Hände

Wie rau sie sind, wie gegerbtes Leder, wie ein knorriger Baum.
Von Falten gezeichnet, stark treten die Adern hervor.
Der Handgriff ist nicht mehr so fest, sie haben schon ihre Kraft verloren.

   – was würden sie uns sagen, berichten, erzählen?

. . . bewegliche Hände

79

Schnell haben sie sich bewegt, zugepackt, die notwendige Arbeit verrichtet.

Die flott auch kleinste Fummelarbeit verrichten können.

Die wieselflink über die Seiten der Geige eilen und schöne Musik erklingen lassen.

- gut, das es solche Hände gibt!

... aggressive Hände

Die benutzt werden, um dir eine Schmähung, eine Beleidigung zu zeigen.

Die zur Faust geballt sind und die vor Zorn nur mühsam ruhig gehalten werden können.

Die bereit sind mittels einer Waffe andere zu bedrohen.

- wie schnell können sie auch Böses anrichten!

... die Liebe schenken

Die streicheln, Liebe zeigen, Zuneigung vermitteln.

Die heilen können, sie heilen den Körper aber auch den Geist.

Hände, die einem den Schweiß von der Stirn tupfen.

- sie werden wirklich gebraucht.

... ja, Hände, die noch weiteres tun, und bewirken können:

Die du gefaltet hast, wie zu einem Gebet.

Die nie erhoben wurden, um einen Meineid zu schwören.

Die über mein Gesicht gleiten und mir die Augen schließen.

- wie gut ist es, dass es solche Hände gibt!

... viele weitere Ideen zu Hände.

Hände von Kindern; kranke Hände; gequälte, geschundene Hände ... und, und, und.

- Ja, können viel Weiteres aussagen.

Hände können wirklich ein Segen sein – aber leider nicht nur.

Denke daran, Du bist der Herr über Deine Hände!

Gerhard Jobs
Braunschweig den 08.02.2023

Die Nächstenliebe
(einmal aus einer weiteren Sicht)

Die Nächstenliebe gleicht alles aus. Wir bleiben zwar unterschiedlich und doch wäre es so, als hätten wir die gleichen Absichten.
Der Starke hilft dem Schwachen, als hätten sie die gleiche Kraft, ohne sich selbst zu loben, sich für stärker zu halten.
Der Kluge hilft dem nicht so Klugen, auch klug zu werden, und er verhält sich so, als wären beide gleich klug.
Der Reiche gibt dem Armen, sodass er seine Armut nicht mehr so sehr fühlt. Auch stellt er seinen Reichtum nicht zur Schau.
Der Schöne verhält sich so, als wäre sein Mitmensch genauso schön und er würde nicht auf Unterschiede hinweisen.
Die Nächstenliebe ist ein Geben und Nehmen, die beide glücklich macht, den Empfänger und den Geber. In der Regel haben beide etwas davon, der Gebende wie auch der Empfangende. Der Empfänger für die Linderung seiner Not - besonders wenn er dankbar ist. Der Gebende bekommt seinen Lohn für seine Bereitschaft zu helfen – weil er erkannt hat, dass er nicht Besitzer sondern nur Verwalter ist.
Die Unterschiede machen die Nächstenliebe erst möglich.

Gerhard Jobs
Braunschweig den 08.09.2022

Zerfällt alles zu Staub?

Gemütlich ging ich stadteinwärts, auch war wenig Betrieb und nichts Ablenkendes war da. Ich hatte Zeit über vieles nachzudenken. Über vieles konnte ich mir Gedanken machen. Und doch bemerkte ich, dass zum wiederholten Male, kleine Kartons am Straßenrand standen, gefüllt mit Dingen, die zum Verschenken angeboten wurden. Geschirr, Kleidung, Bücher und Spielsachen etc. Es waren gute, teilweise wertvolle Dinge dabei. Nein, ich brauche nichts, habe von allem ausreichend, dachte ich bei mir. Ich, mit meinen gut 70 Jahren brauche eigentlich nichts weiteres, habe selbst genug. Nach einer Weile standen schon wieder einige Kartons mit Artikeln, die gerne mitgenommen werden konnten, am Straßenrand. Das regte mich nun doch zum Nachdenken an. Wann werde ich oder meine Kinder von meinen Sachen einiges an die Straße stellen? Wie vergänglich doch alles ist. Ja, die Idee ist gut, warum einfach nur wegwerfen. Vielleicht kann es ja jemand doch noch gut gebrauchen. Er spart Geld, und er hat sogar noch Freude daran.

Welchen Wert hat eine Sache? Oder wie lange ist sie mir wertvoll? In dieser schnelllebigen Zeit. In einer Zeit, wo die Innovationsintervalle immer kürzer werden. Wo schon nach wenigen Jahren alles wieder veraltet ist. Oft hast du nur kurz Freude daran und schon kommt etwas Anderes, etwas Besseres. Du wirst von einem Begehren zum nächsten geführt und hast kaum Zeit das wirklich wertvolle, etwas was dein Leben nachhaltiger prägt, zu erkennen. Du wirst somit bewusst vom wirklich Guten, etwas was einen ewigen Wert hat, fern gehalten. Gibt es denn etwas, was einen ewigen Wert hat? Zerfällt nicht alles zu Staub? Oder kann es wieder regeneriert, wiederhergestellt werden? Dann, wenn genügend Kenntnisse, Fähigkeit und Kraft vorhanden sind?

Dieses kannst du nur beantworten, wenn du daran glaubst, dass es ein ewiges Leben, ein Leben nach diesem Leben gibt. Und mit dieser gewonnenen Erkenntnis, mit der, dass es ein ewiges Leben gibt, beginnt ein anderes Denken und Handeln.

Diese Frage lässt sich nur beantworten, wenn du zulässt, erkannt hast, dass es Gott wirklich gibt. Ihn, der alle Kenntnis, Fähigkeit und Macht hat, wie wir es in den Heiligen Schriften lesen können . In den

Heiligen Schriften steht?

Ja, ich habe in den Heiligen Schriften gelesen, gebetet und erfahren, dass Gott wieder zu den Menschen durch Apostel und Propheten spricht, das wir mit Gott dem Herrn heilige Bündnisse in seinen Tempeln schließen können und persönlich erfahren, dass er uns führt.
Auch können wir uns auf die Auferstehung freuen, auf ein Leben bei ihm – so er es uns zugesteht.

Gerhard Jobs
Braunschweig den 17.03.2023

Wer seine Mitmenschen vergisst hat auch Gott vergessen

Er gab uns das Gebot, unsere Mitmenschen zu lieben —es sind doch seine Kinder, er liebt sie, und er möchte, dass es ihnen wohlergeht. Vergessen wir auch nicht, dass er sehr oft durch seine Kinder, seine anderen Kinder betreut und seine Liebe durch sie ihnen zuteil werden lässt. Auch werden wir durch solche Liebesdienste Gott und Christus ähnlicher.

Gerhard Jobs
Braunschweig den 15.07.2023

„Wiedersehen"

Kann Dir Freude bereiten,
aber auch eine Belastung für dich sein.
Es kann dich beglücken,
kann dich auch in Verlegenheit bringen.

–wie du mit Menschen umgegangen bist, was du mit ihnen erlebt hast, auch welche Erfahrungen und Erlebnisse du in deinem Leben hattest, was dir alles passiert ist, alles dies kann ausschlaggebend dafür sein, wie du ein „Wiedersehen" empfindest.

Doch sei froh dich mit Menschen zu treffen, denn das „Alleinsein" ist die schlechtere Variante.

Dazu ein Gedicht:

Wiedersehen
(Der Wert lieber Menschen)

Ja, ich durfte Dich wiedersehen,
mit Dir viele Schritte gemeinsam gehen,
auch wurde mir immer mehr bewusst,
Dich zu erleben, dies ist für mich eine Lust.

Die guten Gespräche, ungestört, allein mit Dir,
das ist für mich ein schönes, reines Lebenselixier.
Über viele Deiner Worte habe ich tief nachgedacht
und sie sind mir schöner, erbauender, wertvoller als
. . . die allerschönste Blumenpracht

ich lag noch lange wach
und habe über alles tiefer nachgedacht:
Wie schön muss ein Leben mit Dir sein!

Gerhard Jobs
Braunschweig den 14.08.2023

Und wie wird unser Wiedersehen mit Jesus Christus unserem Erlöser für uns sein? Erfreulich, beglückend, beängstigend oder erschreckend? - wenn unser ganzes Leben zur Beurteilung ansteht? Werden wir in seiner Nähe sein? Bei ihm leben dürfen?
Er kann uns verzeihen und uns vergeben, denn seine Liebe ist groß. Kann, heißt aber nicht er muss uns vergeben. Er wird nicht alles verzeihen und vergeben, sonst kann man ja sündigen

wie man will, alles Unrecht tun und leben wie man will. Die sich wirklich bemüht haben, sich zum Guten überwunden haben, den gerechten Kampf gekämpft haben, Christus nachgefolgt sind, haben sich unnötig bemüht? Auch wäre ja das Gleichnis von den zehn Jungfrauen (Matthäus 25:1-13) und die weiteren warnenden Hinweise in den Heiligen Schriften (Offenbarung 20:12-13; Johannes 5:28-29; Matthäus 5:19 und 24:36-42; Römer 2:6-8; LuB 18:46) eine Lüge.

Deshalb gibt es auch verschiedene Herrlichkeiten(1 Korinther 15:41-42; LuB 76:50-119). Und doch gibt es Gemeinschaften, die sagen „glaube nur, alles wird durch Christus vergeben" – halleluja.

Lieben wir den Herrn, seien wir dem Herrn treu, halten wir seine Gebote, seien wir mit ihm verbunden, ändern wir unser Leben zum Guten, lieben wir unsere Mitmenschen - dies wird nicht unbelohnt bleiben (Kolosser 3:23-24).

Gerhard Jobs
Braunschweig den 12.07.2023

Vergessen
(- ist so vielseitig)

Tut mir leid, ich habe es vergessen.
Wie konnte mir das passieren, das zu vergessen?
Es ist vorbei, kann ich es auch vergessen?

Allen Schmerz, alle Demütigungen, selbst vergessen worden zu sein – versuche zu vergessen.
Ja, all dieses Leid zu vergessen, ist eine der besten Therapien, um zu einem normalen Leben zurückzufinden.
Es kann aber auch der beste Weg sein, wieder ein neues gutes Lebensgefühl zu erlangen.

Darum sagte der Heiland, wir sollten alle Lasten auf ihn werfen und unseren Mitmenschen vergeben -- und wenn man vergeben hat, wenn man sich nicht mehr sorgenvoll daran erinnert, wenn man wirklich losgelassen hat, fühlt man die tiefe Befreiung.

Gerhard Jobs
Braunschweig den 12.06.2023

Wer bist du wirklich?
(eine wirklich große Frage)

Denke öfter darüber nach. Das kann dich nachdenklich machen, eventuell auch erschrecken.

Das kann für dich aber auch eine Offenbarung sein. Sich selbst richtig zu erkennen und einzuschätzen, kann sehr von Bedeutung sein. Dich motivieren, den Weg zu großen Veränderungen zu beschreiten. Dies lässt dich nach deinem Ursprung fragen? Woher komme ich? Warum bin ich gerade jetzt hier?

Solche Fragen haben Menschen zu weiteren Fragen geführt und sie nach mehr Erkenntnis suchen lassen.

Einer, der viel größer ist als du, wird dir diese Fragen beantworten —du musst ihn bloß fragen.

Gerhard Jobs
Braunschweig den 05.02.2023

Heimweh
(ist ein besonderer Schmerz)

Heimweh kann weh tun, aber auch motivierend sein.

Nach der Heimat sich zu sehnen, nach den guten alten Zeiten, seine schönen Erinnerungen wieder aufleben zu lassen, kann dich neu beleben.

Kann dir die Kraft geben Neues zu beginnen, dir helfen, eine weitere, eine zweite Heimat zu finden. Einen Ort, wo du gern gesehen bist, wo gute Menschen, Freunde mit dir deinen Lebensweg gehen.

Denn nicht der Ort, die Stadt, wo du lebst ist so wichtig wie die
Menschen in deiner Nähe.
Unsere wirkliche endgültige Heimat sollte unsere himmlische
Heimat sein, die bei unserem himmlischen Vater.

Gerhard Jobs
Braunschweig den 17.01.2023

Wer erklärt Dir den Sinn des Lebens?

Fragst du ernsthaft nach dem Sinn des Lebens?
Bei den verschiedenen Meinungen der Menschen, suchst du ihn
vergebens.
Jeder gibt dir darauf seine eigene menschliche Erklärung
und diese ist so unterschiedlich, wie die Menschen selbst.

Willst du mehr, Genaueres, vielleicht die Wahrheit wissen,
du wirst den tieferen Wert bei den Aussagen der Menschen
vermissen.
Den Sinn des Lebens findest du nur bei dem, der dich erschaffen, der
dir das Leben gab, den findest du nur bei deinem Schöpfer, der Herr
ist über Leben, Tod und Grab.

Gerhard Jobs
Braunschweig den 17.07.2023

Eine große Erfahrung in meinem Leben

Ehrgeizig waren wir beide, auch hatten wir schon so manches Duell
ausgefochten. Wir konnten beide gut laufen, doch diesmal ging es um
mehr. Wer wird den Sprint über 100 m gewinnen? Wer wird der
Jahrgangsbeste des „Gauß-Gymnasiums" im 100 Meter Sprint
werden? Jeder von uns wollte der Sieger sein. Schon mehrere Male
zuvor hatte einer von uns gewonnen – doch wer wird es diesmal
sein? Beide liebten wir Anerkennung und auch besonders das
Ansehen bei den jungen Damen. Ich wusste, dass es schwer werden

würde und meinem Gefühl nach, war er zurzeit etwas besser als ich. Ich brauchte einen Plan, wie ich ihn überrunden, ihn besiegen, ihn ausschalten könnte. Eins wusste ich von ihm, er war sehr hilfsbereit, liebevoll, er ging zur Kirche – hier muss ich ansetzen. Der Tag des Wettkampfes kam näher, und wer nicht pünktlich war, konnte an dem Rennen nicht teilnehmen, denn es wurde für einen Einzelnen nicht wiederholt. Ich kannte seine Gewohnheiten und wusste, dass er die kurze Strecke von seinem Zuhause mit Sicherheit zu Fuß gehen würde. Ich sagte zu meiner Schwester: "Willst du dir zehn Euro verdienen?" Unser Taschengeld war sehr knapp, und das war für sie eine Verlockung, das wusste ich." „Was muss ich denn tun, fragte sie?" "Das ist gar nicht so schlimm, du musst ein bisschen schauspielern" und ich unterbreitete ihr meinen Plan. "Ja, das werde ich tun." Der Tag der Entscheidung des Wettkampfes war gekommen. Und tatsächlich gelang es meiner Schwester, rechtzeitig, zu Fuß in Richtung der Wettkampfstelle zu gehen. Etwa auf der Hälfte der Strecke kam er, mein Kontrahent, meiner Schwester entgegen, sie stolperte kunstgerecht, fiel hin und weinte bitterlich. Dies ließ meinen Kontrahenten nicht kalt, denn der hatte ein gutes Herz, besaß Nächstenliebe, er war ein Christ. Und es gelang ihr geschickt ihn hinzuhalten bis keine Möglichkeit für ihn mehr bestand, rechtzeitig zum Stadion zu gelangen. Nach einer Weile ging es ihr scheinbar besser. Sie bedankte sich und lobte ihn für seine Tat. Tatsächlich, ich gewann das Rennen, erhielt viel Beifall, wurde ausgezeichnet und war für den Tag ein kleiner Held. Auch konnte ich zuhause meine Urkunde, sogar eine kleine Medaille, meinen Eltern präsentieren. Zuvor hatte ich heimlich meiner Schwester die zehn Euro zugesteckt.

Ja, ich hatte gewonnen, ich war wer. Doch irgendwie war ich nicht recht froh. Ich fühlte etwas, das ich noch nie so richtig vorher bei mir bemerkt hatte. Besonders unangenehm habe ich gefühlt, als er mir am nächsten Tag zu meinem Erfolg gratulierte. Die weitere Zeit des Tages war ich sehr schweigsam und fragte mich: Was mit mir los sei, doch ich bekam keine Antwort. Auch nachts fühlte ich mich unwohl und fragte mich, was bin ich eigentlich für ein Mensch?
Es war mehr als eine Woche vergangen, und ich konnte es nicht mehr aushalten. Ich habe ihn, den, der wahrscheinlich gesiegt hätte, nach Hause in mein Zimmer eingeladen und weinte bitterlich. Gestand ihm

mein schlechtes Handeln und bat um Vergebung. Er blickte mich an und brachte dank seines edlen Charakters seine Liebe deutlich zum Ausdruck. Auch er begann zu weinen und sagte schlicht "lass es einfach vergessen sein." Die Liebe dieses guten Menschen, die Befreiung, die ich dann bei mir fühlte, hat sich auf mein ganzes Leben ausgewirkt. Wir beide wurden wirklich gute Freunde, und ich bin sogar einige Male mit ihm zur Kirche gegangen.

Hier will ich die Geschichte enden lassen. Doch sie hat mein ganzes Leben verändert und irgendwie konnte ich die Vergebung, die ich dank des Sühnopfers des Heilandes empfangen konnte, wirklich tief empfinden.

Gerhard Jobs
Braunschweig den 12.07. 2023

Welchen Sinn hat das Leben auf der Erde?
(Der tiefere Sinn des Erdenlebens)

Hat das Erdenleben einen tieferen Wert? Oder sind wir nur zum Leben verurteilt?

Nun sind wir hier auf dieser Erde, einem biologischen Prozess zur Folge, oder gibt es da noch mehr? Sind wir etwa einen Teil in der von gottgewollten Schöpfung?

Erst einmal müssen wir doch wohl lernen, mit den hier herrschenden Gegebenheiten umzugehen. Dann kommt erst ein weiterer wichtiger Bereich, der mit viel philosophischer Betrachtung verbunden ist. Dabei ist auch die Schöpfung unbedingt mit in weiteren Überlegungen einzubeziehen. Sind wir eine Laune der Natur? Wer, was ist die Natur? Ein unerklärbares Wunderwerk? Um etwas zu bewegen (auf das Einfachste heruntergebrochen) braucht es doch wenigstens drei Dinge: Etwas, was zu bewegen ist zum Beispiel Materie, dann Kraft oder Vermögen etwas (beispielsweise die Materie) zu bewegen und Intelligenz, um es sinnvoll zu bewegen, zu gestalten.
Habe ich Materie aber keine Kraft, auch wenn ich intelligent bin, bewegt sich nichts.

Habe ich Kraft und Intelligenz, aber keine Materie kann nichts gestalten werden.
Habe ich Kraft und Materie, aber kein Intelligenz, rühre ich doch nur die Materie durcheinander und schaffe nichts Sinnvolles.
Ja, drei Dinge: Materie, Kraft und Intelligenz werden wenigstens Gebrauch, um etwas Sinnvolles zu gestalten.
Natürlich ist alles um uns herum viel komplexer, viel hochwertiger, das sehen wir doch sehr gut an der Natur, an der ganzen Schöpfung.
Für mich ist der Herr, also Gott, der Schöpfer, existent. Ich bin dankbar, dass ich ihn für mich erkannt habe. Auch lässt er uns nicht Rätselraten, der hat uns die "Heiligen Schriften" überlassen, die uns den Rat geben, ihn im Gebet zu fragen, sodass wir Antwort erhalten können. Und sogar noch besser, er spricht auch heute, wie schon früher zu uns durch seine Propheten. Der Herr hat durch Joseph Smith das Evangelium in Reinheit wiederhergestellt und somit die über Jahre entstandenen Änderungen wieder klargestellt.
Wir haben somit nicht nur die alten Aussagen der damaligen Propheten, sondern die für die heutige Zeit notwendigen Aussagen und Anweisungen des Herrn. Diese sind uns durch die heutigen Propheten, die in seiner wiederhergestellten Kirche durch Gottes Vollmacht berufen worden sind, gegeben worden. Auch ist uns das Buch Mormon, eine weitere Heilige Schrift aus früherer Zeit, als weitere Zeuge für Jesus Christus zugänglich gemacht worden.

Auch lohnt es sich dieses Buch zu lesen, über den Inhalt nachzudenken und sich dies alles durch die Macht des Heiligen Geistes, bestätigen zu lassen.
Ein Besuch der Kirche Jesu Christi der Heiligen der Letzten Tage hilft uns, den Wert des Wortes Gottes besser zu verstehen.

Gerhard Jobs
Braunschweig den 20.10.2022

Haben sie sich das schon einmal gefragt?

Da bin ich, einer von Milliarden,
ein Punkt in einer großen Masse.
Braucht man diesen Punkt?
Ändert sich ein Mosaikbild wenn ein Punkt fehlt?
Wohl keiner wird es je bemerken.
Vielleicht aber der „Meister", der jeden Punkt mit Liebe an
seinen Platz gesetzt hat.

Und sollen wir nicht dem „Meister" immer ähnlicher werden?
Jedem Punkt seinen Wert zumessen?
Hat ein jeder nicht einen Punkt oder mehrere in seiner Nähe?
Mit dem oder mit denen man zusammen viel gestalten kann?
Es heißt nicht schon in der Heiligen Schrift: Gemeinsam sind
wir stark? Oder auch einer trage des anderen Last.
Wenn Ihr nicht eins seid, seid Ihr nicht mein.

Erkennen wir doch den Wert eines jedes Einzelnen für das
große Ganze   - das würde viel verändern.

> Gerhard Jobs
> Braunschweig den 22.10.2023

Jesus Christus unser aller Erlöser
(bezugnehmend auf das Titelbild des Buches)

Was bedeutet Dir der Erlöser? Wie nah bist Du ihm? Hast Du Dich ihm verpflichtet? Er hat Dir seine Hände entgegengestreckt –er will Dich empfangen.

Wie das Titelbild dieses Buches zeigt, so können wir sicher sein, dass unser Herr und Heiland uns gerne empfangen, in die Arme schließen möchte. Doch auch wir müssen es wollen – er zwingt niemanden, denn er hat uns die freie Entscheidung gewährt.

Er weiß, wie notwendig die Auferstehung für uns ist, damit wir einen Platz erhalten, an dem wir uns wohlfühlen und glücklich sein können. Welchen Platz, wo wir letztlich leben werden, das liegt auch mit in unserer Hand. Dies hängt von unserem Lebenswandel hier auf der Erde und von unserem erlangten Zustand ab. Was für einen Charakter haben wir entwickelt und welches sind unsere Herzenswünsche – für welche Herrlichkeit haben wir uns vorbereitet? Welches kann dann unsere ewige Wohnstätte sein? Eine bei Gott unserem Herrn – in seiner Gegenwart und die seines Sohnes? Noch mag uns die Bedeutung, einst bei unserem Herrn leben zu können nicht viel bedeuten, denn wir können den Wert, das was es bedeutet noch nicht richtig einschätzen. Wenn wir dann, nachdem wir gestorben sind und eine andere Erkenntnis und Sichtweise haben, werden wir erkennen, welch ein Segen es ist, bei Gott zu leben.

Schon das, was wir über Gott und Jesus Christus in den Heiligen Schriften erfahren können, zeigt uns die Güte und Liebe der Gottheit. Dann werden Not, Krankheit, Rohheit und die vielen schlechten Dinge, die wir auf der Erde finden können, bei Gott nicht mehr zu finden sein. Menschen, die sich nicht haben ändern wollen, werden in einem anderen Reich leben müssen.

Wir sehen, wie wichtig und notwendig es ist, schon hier auf der Erde sich für den Herrn, für das Richtige zu entscheiden.

Doch die Pharisäer und weitere damalige Kirchenführer konnten oder wollten Jesus Christus nicht als den Sohn Gottes erkennen und blieben bei den Lehren, der ihnen bekannten Lehren, wie sie mehrheitlich im „Alten Testament" zu finden sind. Sie blieben bei dem, was sie hatten, und weitere Offenbarungen, selbst die Wunder die Jesus tat, wurden bewusst nicht erkannt, obwohl sie daran glaubten, dass der „Messias" wiederkommen werde – sie warten heute noch auf ihn.

Und was macht der Herr nicht alles, damit wir dieses hohe Ziel, bei ihm zu leben, erreichen können?

Er hat uns die Heiligen Schriften als eine der Quellen zur Information gegeben. Dort können wir erfahren, wie wir leben sollen:

Die Gebote lehren uns doch, was wir tun oder lassen sollen.

Sie fordern uns auf, Gottes Rat und seine Anweisungen zu befolgen. Auch sollen wir zueinander freundlich, hilfsbereit und liebevoll sein.

Wir sollen Gemeinschaft pflegen und mittels der Priestertumsvollmacht mit Gott Bündnisse schließen (z.B. das Bündnis der Taufe, das Ehebündnis usw.). Dazu gibt es Kirchen, Versammlungsräume und Tempel.

Der Herr hat seine Kinder, die sich zu ihm bekannt haben, aufgefordert, Misssionsdienst zu verrichten (in der Bibel: Römer 10:10 und15; Matthäus 28:19,20; im Buch Mormon: Alma 29:8; in Lehre und Bündnisse 58:64).

Nach dem Tod von Jesus Christus wurde die Kirche weiter von den Aposteln geführt, trotz starker Verfolgung. Sie predigten das wahre Evangelium, wie es uns Jesus Christus gelehrt hat und dass Jesus Christus gekreuzigt wurde, aber wieder auferstanden ist und dass er wiederkommen wird.

Nachdem die Apostel getötet worden waren und somit die Priestertumsvollmacht nicht mehr auf der Erde war, hat sich die christliche Lehre verändert. Dies führte bei den Christen zu Uneinigkeit (siehe Konzil von Nicäa und weitere Konzile). Es kam zu sonderbaren Entwicklungen wie: Die Art, die Form, der Taufe wurde vom Untertauchen (Apostelgeschichte 8:36-39) zum Besprengen abgeändert, obwohl Jesus es richtig an sich geschehen ließ (siehe Matthäus 3:13-17)

Es kam der Ablasshandel (Sobald das Geld im Kasten klingt, die Seele in den Himmel springt!), die Hexenverbrennung, für einige das Gelübde zur Ehelosigkeit, auch entstanden Streitigkeiten und Religionskriege (bestimmt kein Zeichen der Nächstenliebe)usw.

Die Entscheidungsträger haben es vielleicht sogar gut gemeint, und doch haben sie sich verleiten lassen – wodurch? Vom Herrn kam das wohl sicherlich nicht – aber es gibt ja auch den Widersacher, den Gegenspieler Gottes.

Doch der Herr, unser Schöpfer, hat dieses schon vorausgesehen: Den Abfall vom Glauben, zu lesen in der Bibel (im zweiten Thessalonicher 2:2-3)
Die Wiederherstellung des unveränderten Evangeliums (siehe Apostelgeschichte 3:19-21 und Epheser 1:10)

Der Herr ist Joseph Smith erschienen und hat zu dem von Gott bestimmten Zeitpunkt seine Kirche, die "Kirche Jesu Christi der Heiligen der Letzten Tage" wiederhergestellt. Es gibt wieder die notwendige Priestertumsvollmacht. Die Taufe von Menschen, die in der Lage sind das Taufbündnis zu verstehen (Säuglinge sind das nicht. Es gibt auch keine Stelle in den Heiligen Schriften, wo Säuglinge getauft worden sind. Sie konnten einen Segen erhalten). Auch die Eheschließung für die Ewigkeit wurde wiederhergestellt.

Denn Familien sind für immer. (siehe in der Bibel: Genesis 2:18; Markus 10:6-9; Sprüche 18:22; Matthäus 19:6; und in neuzeitlichen Offenbarungen: LuB 49:15;132:15)

Selbst heutige Christen, die nun schon zusätzlich das „Neue Testament" zu den alten Berichten haben, erkennen zu oft nicht die Notwendigkeit weiterer neuzeitlicher Offenbarungen, somit die Notwendigkeit von gegenwärtigen Aposteln und Propheten.

(siehe in der Bibel: Amos 3:7; Epheser 2:20; Lukas 6:12-13; im Buch Mormon 1 Nephi 22:1-2; Lehre und Bündnisse 21:4-6; 43:1-7).

Dieses wusste Jesus Christus, auch um die Kürze seiner Erdenmission, darum berief er seine Apostel – und wer würde nach ihm denn die Kirche leiten?
Doch sie, die Apostel, wurden getötet, und es kam eine Zeit der Führungslosigkeit.
Wie wichtig ist für jeden Menschen die gegenwärtige Offenbarung? Das, was Gott der Herr in der heutigen Zeit, mit ihren jetzigen Herausforderungen, uns zu sagen hat. Das ist einer der Gründe, warum u.a. der Herr die Missionare ausgesandt hat. Suchen wir ihre Nähe, hören wir ihnen zu, beraten wir uns mit ihnen und achten wir dann darauf, was der Heilige Geist uns sagen und fühlen lassen will.
Auch die heutigen Apostel geben den Menschen Zeugnis von der Liebe und Macht des Heilands und dem was im Weiteren geschehen wird.
Zwei Gedanken und Handlungen, die in der Bibel erwähnt worden sind, die sind uns dank des wiederhergestellten Evangeliums, deutlicher vor Augen geführt worden.

A) Er wird das Herz der Väter wieder den Söhnen zuwenden und das Herz der Söhne ihren Vätern (Maleachi 3:23-24 ; Lukas1:17).
Wie will man das Herz der Väter zu dem Herz der Söhne führen, wenn die Väter schon verstorben sind? Vielleicht ist uns nur nicht bewusst, was wir tun können und sollen.
Dass dies sehr wichtig ist, ist daran zu erkennen, dass Elija gesandt werden soll, um dies zu ermöglichen – damit nicht alles dem Untergang geweiht werden wird.

B) die Taufe für die Verstorbenen (1 Korinther 15:29)

Viele Menschen haben während ihrer Lebenszeit nichts vom Evangelium erfahren oder sind durch weltliche Lehren verblendet worden, so dass sie nicht getauft wurden und somit nicht in das Reich Gottes gelangen können (Johannes 3:5).

Da die Taufe aber so wichtig ist (siehe neuzeitliche Offenbarungen in Lehre und Bündnisse 138:32-33) und auf der Erde vollzogen werden soll, konnte man sich dank der Anordnung des Herrn stellvertretend für die Verstorbenen in den Tempeln, die jetzt weltweit zu finden sind, taufen lassen. Hieran sehen wir auch die Liebe des Herrn für jedes seiner Kinder.

Seien wir Gott dem Herrn und seinem Sohn für all das dankbar, was für unsere Errettung getan worden ist.

Freuen wir uns, dass wir nicht verlassen und ohne Führung sind.

Ja, der Heiland hält auch heute noch seine Hände ausgestreckt und lädt uns ein zu ihm zu kommen.

Letztlich obliegt es uns, die Nähe des Herrn finden zu wollen, denn wir haben ja die freie Entscheidung und bestimmen somit auch mit, wohin wir gehen wollen und was uns wertvoll ist.

Wie froh und glücklich können wir sein, dass er, Jesus Christus, es uns dank seines Sühnopfers ermöglicht hat, uns ändern zu können. Dass wir uns zum Guten entwickeln und die Hoffnung haben können, einst bei ihm zu sein. Seine Hände sind ausgestreckt, er will uns empfangen, er liebt uns.

Gerhard Jobs
Braunschweig den 27.07.2023

Liebe (2)

Die Liebe, besonders die Nächstenliebe ist die große Kraft, die alles verändert. Sie verändert den Menschen, sein Denken, Fühlen und Handeln.
Sie ist das Größte von allem, und wer sie hat, kann sich glücklich schätzen.
Der Erlöser Jesus Christus würde in unserem Leben eine entscheidende Rolle spielen, bei uns im Mittelpunkt stehen. Auch würden die Mitmenschen einander wirklich lieben. Es gäbe keine Kriege, wir würden unsere Ressourcen miteinander teilen, keiner würde leiden und hungern . . . usw.   –wir hätten eine andere Welt.
- - - ja, die Liebe
Wer Liebe schenkt, schenkt sehr viel, denn er schenkt nicht nur einen Gegenstand, sondern einen Teil von sich selbst.
Kann man mehr geben? Darum ist die Liebe die größte aller Gaben.
Ja, wir sollen unseren Nächsten wirklich lieben.
Auch kann jeder sie geben, denn sie ist unabhängig vom Alter, dem äußeren Erscheinungsbild, Reichtum, der Nationalität, dem Bekanntheitsgrad usw.
Sie, die Liebe, gibt sehr viel, sie steht bei dem Herrn, bei Gott ganz oben auf seiner Wertetafel   - der Herr, verkörpert die Liebe.

Gerhard Jobs
Braunschweig den 31.07.2023

Danke, dass Du Dich für dieses Buch entschieden hast.

Bist du an weiteren Ideen,

an mehr Nachdenkliches interessiert?

Jedes meiner Bücher hat seinen eigenen "Charakter"

Hier ist eine weitere Auswahl meiner Bücher:

Lieben Sie es besinnlich? Romantisch? Mögen Sie es über besonders ausgefallene Ideen und Gedanken nachzudenken? Nicht nur im alltäglichen Allerlei zu verbleiben. Dann könnten Sie vieles davon erleben in meinen Büchern. z. B. in:

„Wo ist Dein Ziel, Deine Zukunft, Dein Glück ‚Dein Wohlergehen"

„Es gibt Leben, Liebe, Hoffnung, Zukunft,
       Vertrauen, Freude ohne Ende
       . . . wenn Du den richtigen Weg gehst."

„Wenn Licht in Dein Leben dringt,
       . . . erlebst Du eine ganz andere Welt."

„Bringen Sie mehr Freude und mehr Licht in ihr Leben
       . . . gehen Sie Ihren Weg nicht allein"

„Befreiung für die Seele!"

„Gedankensplitter"

„Liebe, Hoffnung, Verständnis und Dankbarkeit
       . . . lassen uns leben."

„Die Treppe zur Ausgeglichenheit,
       zum Erkennen der wirklichen Werte im Leben"

„Nicole, eine besondere Frau?"

Einfach nur im Buchhandel oder im Internet, z. B. bei BoD oder bei Amazon, Buch24, Thalia usw. - - - - bestellen. Weitere Informationen zu den Werken und zur Person des Verfassers sind unter **www.jobs-geometrie-natur.eu** für Sie bereitgestellt.